Margot Van Assche

Rose, Schwein & Feigenblatt

12 ungewöhnliche Zutaten
100 ausgefallene Rezepte

Fotos von Maryam Yeganehfar

VERLAG ANTON PUSTET

Impressum

Bibliografische Information der Deutschen Nationalbibliothek
Die Deutsche Nationalbibliothek verzeichnet diese Publikation in der Deutschen Nationalbibliografie; detaillierte bibliografische Daten sind im Internet über http://dnb.d-nb.de abrufbar.

Fotos S. 6, 7, 42, 43, 60, 88 rechts, 89, 112, 113 oben, 126 unten, 127 oben, 150 unten, 151 unten, 174 unten, 188, 189 oben: Belle & Sass
Autorenfoto Maryam Yeganehfar S. 271: Iconoclash Photography
Alle anderen Fotos: Maryam Yeganehfar

Grafik, Satz und Produktion: Tanja Kühnel
Lektorat: Marlene Kühn
Gedruckt in der EU

ISBN 978-3-7025-0841-8

Auch als eBook (eInk ohne Illustrationen)
mit 25 Bonus-Rezepten erhältlich:
e-ISBN 978-3-7025-8032-2

4 3 2 1
19 18 17 16

www.pustet.at

rose, schwein & feigenblatt

Margot Van Assche

12 ungewöhnliche Zutaten
100 ausgefallene Rezepte

Fotos von Maryam Yeganehfar

VERLAG ANTON PUSTET

Vorweg ...

... in aller Kürze etwas über dieses Buch.

Ich entdecke gerne Neues und liebe es, zu gestalten – Überraschendes, Köstliches, Schönes ... und teile das gerne mit anderen.

Auf die speziellen Zutaten in diesem Buch hat mich meine Vorliebe für Unübliches gebracht. Es sind durchwegs Aromen, die nicht, selten oder nur in einem bestimmten Kontext in der Küche zu finden sind. Sie alle haben Charakter und eine spezielle Magie. Diese Magie fange ich ein, setze sie ins rechte Licht und verbinde sie so mit anderen Zutaten, dass das Aroma deutlich der Hauptdarsteller bleibt. Besondere Freude habe ich an Gegensätzen, an den kleinen Ausbrüchen aus dem Vertrauten und Gewohnten – an den blitzartigen Wendungen, den verwegenen Ausreißern, den unvermuteten Eingebungen. Und am Zurückkehren zum Butterbrot.

Mein Küchenmanifest

Kochen ist lustvoll und gefühlvoll
Kochen ist spannend und entspannend
Kochen ist Abenteuer und Vertrautheit
Kochen ist Phantasie und Erinnerung
Kochen ist Spielen und Erschaffen
Kochen ist Geschichten erfinden und Geschichten erzählen
Kochen ist Freude und Herausforderung
Kochen ist eine Reise und ist Heimkommen

The Five-Ladies-Tasteclub
Gleich zu Beginn meines Buchprojektes hatte ich die Idee, eine Verkostungsgruppe ins Leben zu rufen. Ich wollte ein paar hingebungsvolle Esserinnen mit feinem Gaumen versammeln, um meine Erfindungen zu testen.

Meine Idee wurde von vier Freundinnen, darunter auch der Fotografin dieses Buches, begeistert aufgenommen.
Über mehr als drei Jahre hinweg haben wir uns regelmäßig getroffen, um gemeinsam zu verkosten, was ich mir ausgedacht und gekocht hatte, um zu analysieren und zu optimieren. Ich kann nur sagen, es war eine ungeahnte Freude.
An solchen Abenden trudeln nach und nach alle ein, eine Flasche Sauvignon blanc wartet schon, das noch warme, knusprige Brot wird geschnitten und die Gläser gefüllt. Ein Topf mit Holunderbutterschmalz steht schon bereit. Wir plaudern, wir lachen, wir prosten einander zu und streichen hungrig und neugierig das duftende Schmalz auf das warme Brot. Köstlich!
Alle setzen sich an den Tisch und sind gespannt – was gibt es heute?
Ich bringe Teller und Schüsseln, dazu Kostlöffel, Gewürze, Zutaten – und dann geht es los: „Mmmmmm ... ziemlich gut ... was hast du da genau drin? ... da fehlt noch irgendwas ... ich würde mehr Säure dazugeben ... Limette? ... nein, besser Essig ... ja, genau ... braucht mehr Salz ... könnte man vielleicht auch mit Feigenblattöl versuchen, hast du welches? ... hm, die Beilage lenkt eigentlich ab ... ich hätte auch ein Bohnenpüree, kosten wir das einmal dazu ... Ich werfe wieder die Pfannen an, krame im Kühlschrank, probiere, optimiere, serviere ... ja! Genau das ist es jetzt. Ganz einfach.

Das Schönste ist, dass wir einander sofort verstehen. Wir können die Ideen der anderen leicht nachvollziehen, sie aufgreifen, weiterspinnen, umsetzen und am Ende zu einem stimmigen Ergebnis kommen.

Wir – das sind:
Monika, Karmen, Gerti, Maryam und Margot. Zusammen sind wir spontan und genießerisch, fein und präzise, bedachtsam und unbestechlich, differenziert und ideenreich, begeistert und wagemutig ...

Ich danke Euch allen von ganzem Herzen!

Essig ist nicht gleich Essig ...

Über meine Zutaten

Weil mir wichtig ist, dass Ihnen meine Gerichte schmecken, ist mir auch wichtig, dass Sie in diesem Buch mehr Informationen über die verwendeten Zutaten finden.
Essig ist nun mal nicht Essig, genauso wenig wie Olivenöl gleich Olivenöl ist und so verhält es sich mit vielen Dingen. Qualität ist die Grundvoraussetzung für ein gutes Gelingen und die Vielfalt der verfügbaren Produkte verlangt nach spezifischen Angaben.
An dieser Stelle möchte ich erklären, was ich meine, wenn ich „Eier" schreibe, oder „Zitronenschale", oder „Blutwurst".

Die Wahl vieler meiner Zutaten steht mit dem Wunsch in Verbindung, möglichst gut mit dem eigenen Körper umzugehen, mit unserem Planeten und auch mit den Tieren und Pflanzen, die darauf leben. Naturbelassenes Essen, das die ihm zustehende Wertschätzung erfährt, hat für mich eine große Bedeutung. Ich möchte keine Zusätze, keine be- und misshandelten Produkte in meiner Küche, ich möchte auch keine Hormone im Fleisch und ich will sicher sein, dass das Tier, das ich esse, ein lebenswertes Leben hatte. Das mag mehr kosten, als übliche Massenware – für mich und meine Familie habe ich entschieden, diese Mehrkosten gerne zu tragen und lieber an anderer Stelle einzusparen. Ich finde, es lohnt sich.

Perfekt geht nicht, aber ich tue, was ich kann.

Andere Zutaten wähle ich aus geschmacklichen Gründen. Künstliches Vanillin zum Beispiel kann natürlicher Vanille nie das Wasser reichen und hochwertiges Olivenöl „extra vergine" unterscheidet sich drastisch von diversen Olivenölen mit derselben Bezeichnung, die in allen Supermarkt-Regalen zu finden sind.

Wieder andere Zutaten finden bei mir dafür aus gesundheitlichen Aspekten weniger Verwendung. Die meisten dieser Erkenntnisse basieren auf meiner Tätigkeit als naturheilkundlicher Ärztin; hier konnte ich eine Vielzahl an negativen Effekten beobachten, die durch das, was wir aktuell als „Ernährung" bezeichnen, bedingt waren. Vielen Menschen konnte beispielweise geholfen werden, indem sie auf Milch und Milchprodukte in ihrem Speiseplan verzichtet haben, anderen wieder durch das Vermeiden von Getreide, manchmal nur von Weizen, immer öfter aber von allen glutenhaltigen Sorten. Sie finden in meinen Rezepten deshalb auch häufig Hinweise zu allergenfreien Alternativen.

Ich persönlich fühle mich einfach besser, wenn ich keine Milchprodukte esse, meinem Mann wiederum tut eine Ernährung ohne Gluten sehr gut und so leben wir weitgehend ohne beides. Das spiegelt sich auch in diesem Buch wider: die Rezepte sind sehr oft „free from", also laktose-, milcheiweiß- und glutenfrei.

Fleisch
Ich bin zwar keine Vegetarierin, esse aber eher wenig Fleisch und wenn, dann die beste Qualität, die ich bekommen kann. Minimum ist Bio. Maximum ist von einem Betrieb, den ich persönlich kenne und von dem ich weiß, dass die Tiere nicht mit Getreide gefüttert werden, sondern Gras und Heu fressen, ihr Leben vorwiegend draußen im Freien verbringen und möglichst schonend und stressfrei geschlachtet werden.
Außerdem bin ich ausgesprochene Anhängerin von „Nose-to-tail", also einer möglichst kompletten Verwertung des gesamten Tieres – ich mag Innereien und Fett und verwende diese gerne. In Bezug darauf ist die Haltung der Tiere ohne Medikamente, Hormone und minderwertiges Futter ganz besonders wichtig, weil Giftstoffe sich leicht in diesen Geweben und Organen ablagern.
Auch das arme unterbewertete Schwein, das ja quasi das Wappentier dieses Buches ist, hat durchwegs hochwertiges Fleisch und Fett zu bieten, wenn es sich im Freien aufhalten kann, sich seine Nahrung selbst sucht und zusätzlich richtig gefüttert wird.
Alle Welt spricht momentan von den „guten Fetten", das sind vor allem Omega-3-Fettsäuren, die in hohen Mengen hauptsächlich in Fisch vorkommen. Tatsache ist aber, dass diese wertvollen Fettsäuren auch in Rinder-, Schweine-, Gänse- und Entenfleisch enthalten sind, wenn die Tiere auf der Weide leben dürfen. Das Fettsäureprofil sieht bei allen Tieren, die naturgemäß gehalten werden, vollkommen anders aus, als bei jenen aus Massentierhaltung. Das Fett grasgefütterter Tiere, egal welcher Art, beinhaltet daher beachtliche Mengen dieser wichtigen Omega-3-Fettsäuren.

Geflügel
Hier gilt dasselbe, was eben zum Thema Fleisch gesagt wurde. Selbstverständlich brauchen Hühner, Gänse und Enten anderes Futter und einen anderen Lebensraum, aber im Großen und Ganzen geht es auch hier um Auslauf und artgerechtes Futter.

Eier
Auch bei den Eiern kann ich nur nochmals an alles anschließen, was für Fleisch und Geflügel schon

geltend gemacht wurde. Bio-Eier sind mittlerweile überall erhältlich und für mich das absolute Minimalprogramm. Selbst Bio-Hühner haben nicht genügend Platz und bekommen wirklich artgerechtes Futter, aber immerhin. Schöner ist es, wenn man einen Bauern kennt, von dem man direkt frische Eier beziehen kann, was leider nur selten möglich ist.

Fisch

Fischeinkauf ist, wie ich finde, eine besondere Herausforderung. Die Meere sind leergefischt, normale Fischzuchtbetriebe sind keine Option – die Fische dort stehen dicht an dicht, werden routinemäßig mit Antibiotika und Hormonen behandelt und mit zweifelhaftem Futter ernährt. Zum Glück fristen sie ihr Leben für gewöhnlich wenigstens nicht lange unter diesen Umständen.
Die Zukunft liegt in biologischen Fischzuchten, die man im Moment noch mit der Lupe suchen muss. Es lohnt sich aber in jedem Fall, denn hochwertiger Fisch ist ein wichtiger, wenn auch nicht unverzichtbarer Bestandteil der Ernährung.
Omega-3-Fettsäuren kommen auch in grünen Pflanzen und Gemüsen vor, in besonders hoher Konzentration in Wildpflanzen wie Löwenzahn, Brennnessel, Vogelmiere und vielen anderen.
Meine Schlussfolgerung daraus ist: Ich verwende gerne die weniger bedrohten wertvollen Meeresfische wie Sardinen, Sardellen und Makrelen. Ansonsten Forellen, Saiblinge und andere Fische aus einem guten biologischen Fischzuchtbetrieb in der Nähe.
Vor Jahren habe ich in Unwissenheit über die Zuchtmethoden noch freudig zu Garnelen und Shrimps aus den Tiefkühltruhen asiatischer Geschäfte gegriffen, weil sie so fantastisch billig waren – und schäme mich jetzt noch dafür. Auch hier mache ich heute keine Kompromisse mehr. Entweder ich leiste mir teure Garnelen oder Shrimps aus der guten Zucht oder es kommen eben keine auf den Tisch.

Milchprodukte und Unverträglichkeiten

Milch und Milchprodukte werden in unseren Breiten von den meisten Menschen mehrmals täglich gegessen oder getrunken und für unverzichtbar gehalten, weil die Meinung vorherrscht, dass sie für gute Gesundheit und feste Knochen unerlässlich sind.
Wie steht es dann mit Nationen, die in ihrer traditionellen Ernährung keine Milchprodukte kennen, wie Japan oder China? Bis vor einiger Zeit gab es zum Beispiel in Japan so gut wie keine Osteoporose ... wie ist das möglich?
Ganz einfach – weil es genug andere hervorragende Calciumlieferanten gibt, unter anderem Mandeln, Sesam und grüne Gemüse wie Brokkoli und Kohl.
Immer mehr Menschen bemerken, dass sie sich ohne Milchprodukte besser fühlen. Deshalb finden Sie in diesem Buch bei den meisten Rezepten alternative Milchsorten wie Mandel- oder Nussmilch, Reismilch oder Kokosmilch.
Viel grünes Gemüse, Salate und Nüsse bilden dazu eine wichtige Ergänzung für eine vollwertige Ernährung.
Noch eine Ergänzung zum Thema Unverträglichkeiten: Meist wird angenommen, dass der Milchzucker der auslösende Faktor für die Unverträglichkeit ist. Darum gibt es mittlerweile viele laktosefreie Milchprodukte, aus denen der Milchzucker entfernt wurde. In sehr vielen Fällen ist es jedoch das Milcheiweiß, das nicht verträglich ist, da nützen laktosefreie Produkte wenig. Ich bevorzuge daher komplett milchzuckerfreie und milcheiweißfreie Alternativen.
Bitte beachten Sie, dass normales Brot sehr oft nicht milchfrei ist. Um sicherzugehen, kaufen Sie im Bioladen als „vegan“ bezeichnete Brotsorten.

Butter

Der Geschmack von Butter ist beinahe unersetzbar. Für Menschen, die Milchprodukte nicht vertragen, sind Ghee oder Butterschmalz eine gute Alternative, weil beide Produkte laktose- und nahezu milcheiweißfrei sind, aber der Buttergeschmack im Grunde erhalten bleibt.

Getreide und Unverträglichkeiten

Auch Getreide und im Speziellen Weizen gehört zu den liebgewordenen Gewohnheiten unseres „Essalltags“, obwohl die Anzahl an Menschen, die glutenhaltige Nahrungsmittel schlecht vertragen, stetig ansteigt. Als Alternative bietet sich meist ganz einfach eine glutenfreie Mehlmischung an, die mittlerweile in jedem Bioladen und in den meisten Supermärkten erhältlich ist. Ich selbst verwende sehr gerne Quinoa oder alte Getreidesorten wie Einkorn.
Zunehmend verbreiten sich auch Ernährungsformen, die ganz ohne Getreide auskommen.
Im Register am Ende des Buches erkennen Sie auf einen Blick, welche Rezepte milch- bzw. glutenfrei sind oder bei welchen ein Austausch gegen eine milch- und glutenfreie Variante sehr einfach ist.

Salz

Zum Kochen verwende ich Steinsalz und bei Tisch und zum Servieren Maldon Salt oder Fleur de Sel. Diese zarten, flockigen Salzkristalle sind wie kleine Feuerwerke im Mund. Ab und zu benütze ich auch grobes Meersalz.

Pfeffer

Pfeffer ist so gut wie immer schwarzer Pfeffer und kommt aus der Mühle oder wird frisch gemörsert. Am liebsten verwende ich aromatische Sorten wie Kampotpfeffer.

Chili
Üblicherweise meine ich damit ganze frische oder getrocknete Schoten. Niemals verwende ich sehr scharfe Chilis, weil ich es unangenehm finde, wenn die Schärfe jede andere Geschmacksempfindung überdeckt.

Gewürze
Gewürze wie Koriander, Kreuzkümmel, Piment, Fenchel, Anis und so weiter habe ich in ganzen Körnern vorrätig und mörsere sie frisch. Manchmal werden sie auch vor dem Zerkleinern noch geröstet. Gemahlene Gewürze verlieren ihren Geschmack schnell, daher empfiehlt sich die frische Zubereitung.

Backpulver
Ich verwende immer Weinsteinbackpulver.

Vanille
Meist verwende ich pulverisierte Bourbonvanille. Manchmal auch Vanilleschoten.

Zitrusfrüchte
Zitronenschale gehört sicher zu meinen meistverwendeten Ingredienzien. Anders, als meist üblich bleibt bei mir eher das Innere der Zitrone als die Schale übrig und so ist es besonders wichtig, dass Zitronen, Limetten oder Orangen aus biologischem Anbau stammen. Trotzdem sollten die Früchte vor der Verwendung unter heißem Wasser abgebürstet werden.
Es gibt im normalen Gemüsehandel Zitronen mit der Bezeichnung „Schale nach der Ernte unbehandelt". Es ist wohl klar, dass die Chemie hier bereits vor der Ernte auf den Zitronen gelandet ist, daher sind in diesem Fall die Schalen nicht zur Verwendung geeignet.

Gemüse und Obst
Am liebsten hole ich mein Gemüse auf dem Markt beim Biobauern, wo es auch viele wunderschöne alte Sorten gibt, die ganz unvergleichlich schmecken.
Für alle Rezepte gilt, dass Gemüse und Obst vor der Verwendung gewaschen und geputzt werden.

Essig
Essig ist bei meinen Rezepten, wenn nicht anders angegeben, so gut wie immer biologischer Condimento Balsamico bianco.

Olivenöl
Hier ist immer Olivenöl extra vergine bester Qualität gemeint. Ich verwende nur biologisches Olivenöl, denn wir haben einen wirklich hohen Ölverbrauch, sodass die andernfalls enthaltenen Pestizide durchaus ins Gewicht fallen würden.
Nachdem ich vor einigen Jahren eine Basisausbildung zum Thema Olivenöl gemacht habe, wurde mir klar, dass wirklich viele Öle, die die Bezeichnung extra vergine tragen, weit von diesem Qualitätsstandard entfernt sind. Es ist leider eine traurige Tatsache, dass es auf diesem Gebiet zahlreiche unkontrollierte Betrugsmöglichkeiten gibt, von denen man erst erfährt, wenn man sich näher mit dem Thema befasst. Das Wichtigste aber war, dass ich endlich erfahren habe, wie Olivenöl wirklich schmecken soll, nämlich fruchtig, bitter und scharf. Und dass all die fettigen, ranzigen und modrigen Geschmacksnoten, von denen oft geglaubt wird, dass sie zu Olivenöl dazugehören, nur der Ausdruck von minderwertigen, fehlerhaften Produkten sind.
Meine eindeutige Empfehlung: Besuchen Sie eine Verkostung oder ein kleines Seminar mit einem Experten und lernen Sie, wie ein gutes Olivenöl schmeckt. So haben Sie in Zukunft auch ein Mittel, um richtige Qualität zu erkennen und gutes Öl von schlechten und minderwertigen Produkten zu unterscheiden.
Bezugsquellen und Webseiten mit wichtigen Informationen finden Sie hinten im Buch.

Palmfett
Selten aber doch benötige ich Fett zum Frittieren oder aber auch zum sehr heißen Anbraten. In diesen Fällen nehme ich am liebsten Palmfett, weil es vollkommen geschmacksneutral und sehr hoch erhitzbar ist.
Ich meine immer Bio-Palmfett, das unter fairen Bedingungen, unter Schonung der Ressourcen und ohne Regenwaldrodungen gewonnen wird. Es gibt gute Information dazu im Internet, wo auch erklärt wird, worauf man speziell achten sollte (Landnutzungsrechte, gewachsene Strukturen ...).
Konventionell erzeugtes Palmfett, selbst wenn es RSPO-zertifiziert ist, entspricht nicht diesen Maßstäben.

Fonds oder Suppen
Zum Aufgießen ist das Beste selbstverständlich ein selbstgekochter Fond, egal ob Rind, Huhn oder Gemüse. Genauso selbstverständlich ist aber auch, dass man als Amateur oft keinen solchen zur Verfügung hat.
In diesem Fall tut es auch ein gutes Bio-Suppenpulver oder eine Suppenpaste ohne Geschmacksverstärker. Testen Sie mehrere Produkte und wählen Sie eines, das in Bezug auf die Gewürze gut ausbalanciert ist. Manche Mischungen schmecken zum Beispiel zu intensiv nach Sellerie.
Einen kleinen Vorrat an Fond habe ich meist in der Tiefkühltruhe – für Risotto und Ähnliches, wo es wirklich darauf ankommt.

Und Milch ist nicht gleich Milch ...

Über Ersatzmöglichkeiten

Milch
Alternativen zu Kuhmilch sind **Soja-** und **Getreidemilch** wie **Reis-**, **Hanf-** oder **Hafermilch** in Bio-Qualität. Da diese Milcharten kaum oder gar kein Fett enthalten, sollte man im Rezept etwas Fett hinzufügen. Dafür ist „Milch" aus Getreide häufig süß, sei es natürlich oder durch Zuckerzusatz. Ist das nicht erwünscht, sollte man andere Alternativen erwägen.
Kokosmilch eignet sich gut zum Backen und verliert dabei ihren typischen Geschmack beinahe vollkommen. Gleichzeitig ist genügend Fett enthalten, sodass keines zugesetzt werden muss. Da sich dieses aber oft absetzt und eine Schicht bildet, stellt man die Dosen vor dem Öffnen kopfüber für einige Minuten in heißes Wasser und schüttelt sie, um eine homogene Flüssigkeit zu erhalten.
Nussmilcharten wie **Mandel-**, **Macadamiamilch** und dergleichen eignen sich ebenfalls als Ersatz. Auch sie sind manchmal gesüßt – achten Sie auf die Inhaltsstoffe. Fett muss nicht extra zugesetzt werden. Wie man selbst Mandelmilch herstellen kann, finden Sie auf S. 170.

Butter
Abhängig davon, wofür die Butter gebraucht wird, gibt es mehrere Optionen: **Butterschmalz bzw. Ghee** (manchmal nicht zu 100 % milcheiweißfrei, aber dennoch meist gut verträglich), **Olivenöl** oder **ungehärtete biologische Margarine**.
Zum Kochen und Braten eignet sich Butterschmalz ausgezeichnet und hat den butterähnlichsten Geschmack, vor allem, wenn man es selbst herstellt (S. 14). **Zum Backen** ist es nur begrenzt geeignet, man verwendet hier besser Margarine oder manchmal Olivenöl. **Saucen binden** funktioniert mit sehr kalter Margarine. Ist im Rezept von frischer Butter die Rede, ist Margarine ebenso die einfachste Alternative, neben Butterschmalz, das mit dem Mixer zu einer Creme aufgeschlagen werden kann.

Joghurt und andere Milchprodukte
Manche Menschen mit Kuhmilch-Unverträglichkeit vertragen **Ziegen-** und **Schafmilchprodukte** durchaus gut. Andernfalls greift man auf ein Produkt aus **Soja** oder **Kokos** zurück, das man mit etwas Zitrone ansäuert. Kokos ist dabei geschmacklich neutraler als Sojajoghurt.

Ähnliches gilt für **Crème fraîche** und **Sauerrahm**, solange es um die Verwendung in kalten, ungekochten Zubereitungen geht. Auch Seidentofu mit etwas Zitrone kann hier eine Alternative sein.
Wird **Obers** oder **Crème fraîche** für eine Sauce benötigt, benutzt man am besten Produkte mit dem Beinamen „cuisine". Diese angedickten cremigen Zubereitungen gibt es z.B. auf Reis-, Soja-, Mandel-, Kokos- oder Haferbasis. Möchte man **Schlagobers zum Aufschlagen** ersetzen, gibt es **Schlagcremen auf Kokosbasis** zu kaufen, und auch Kokosmilch kann man zu einer Creme aufschlagen, wenn sie sehr kalt ist. Geschmacklich reichen diese Ersatzprodukte allerdings nicht an Schlagobers heran.
Benötigt man **Topfen** zum Backen, wie für den Cheesecake (S. 40), kann man ihn durch eine **vegane Nusszubereitung** ersetzen, Anleitungen findet man in zahlreichen veganen Blogs.

Mehl, Getreide und Brot
Normales **Mehl** lässt sich durch eine der vielen erhältlichen glutenfreien Mehlmischungen ersetzen. Das Ergebnis ist nie ganz dasselbe – das Gebäck wird meist etwas trockener, bröseliger und weniger flaumig. Auch der Geschmack unterscheidet sich je nach Mischung von herkömmlichen Weizenmehl.
Eine **glutenfreie Allround-Mischung** stellen Sie aus **1 Tasse braunem Reismehl** mit **½ Tasse Tapiokastärke** und **½ Tasse Mais-** oder **Kartoffelstärke** her, die Sie gründlich vermischen. Wird das Mehl zum Backen benötigt, fügt man noch **1 TL Xanthan** oder **Guarkernmehl** zu, was für bessere Bindung und Elastizität sorgt. Oft enthalten fertige Mischungen Mehl aus Kichererbsen oder Amaranth, das einen starken Eigengeschmack hat. Davon rate ich eher ab.
Man kann außerdem einen Teil der Mehlmenge durch **gekochte Kartoffeln, Süßkartoffeln** oder **Kürbis** ersetzen. Auch **Mandelmehl** und **Maismehl** sind Alternativen. Generell gilt, dass beim glutenfreien Backen meist Ei benötigt wird.
Als glutenfreier Getreideersatz eignen sich **Reis, Mais, Quinoa, Amaranth** und **Buchweizen**. **Hafer** wird kontrovers diskutiert, aber von glutenintoleranten Menschen zumeist vertragen.
Gutes **glutenfreies Brot** ist nicht einfach zu bekommen – ich empfehle im Bioladen erhältliche Backmischungen zum Selbstbacken.

Bier
In einigen meiner Schmorgerichte verwende ich Bier. Auch hier gibt es glutenfreie Sorten. Rotwein stellt eine weitere Option dar.

Nudeln
Glutenfreie Nudelsorten sind zahlreich, aber es gibt nur wenige, die wirklich an gute Pasta herankommen. Oft sind Reisnudeln oder Mischungen aus Reis und Mais eine gute Option. Die Nudeln sollte man nach dem Kochen kalt abspülen, um die freigesetzte Stärke zu entfernen und sie dann in Fett oder Sauce wieder erwärmen.

Holunder – ein Kindheitsmythos. Mein aus der Untersteiermark stammender Vater schwärmte jedes Jahr wieder von den in Teig getauchten und herausgebackenen Holunderblüten – tatsächlich waren diese immer hinreißend gut und wunderschön noch dazu.
Vollkommen unverständlich, dass dieses aromatische Wunderwerk für lediglich zwei Zubereitungen genützt wird: eben für jene warme Mehlspeise und für Sirup.
Also machte ich mich daran, den Holunder zu erforschen, seine Vorlieben kennenzulernen, seine Schwächen und Stärken zu verstehen. Es war und ist jedes Jahr wieder eine herrliche Zeit mit neuen Ideen und Experimenten.
Schon Anfang April schaue ich meinen Holunderstrauch im Garten erwartungsvoll an, obwohl ich doch mittlerweile genau weiß, dass er eben erst im Mai blüht.
Aber dann wird die Zeit genützt, um Vorräte anzulegen: Essig ansetzen, Butterschmalz kochen, Blüten einfrieren, Sirup machen.

Sammeln
Holunderbüsche wachsen gerne am Waldrand, auf Wiesen, bei Bauernhöfen, aber genauso in Parks und in der Stadt. Die Blüten welken leider sehr schnell – buchstäblich vor den Augen – dahin und verlieren im Eiskasten deutlich einen Teil ihres Aromas. Man sollte also nur Mengen pflücken, die in absehbarer Zeit verarbeitet werden können. Lieber mehrere Beutezüge einplanen!

Der Zeitpunkt des Pflückens ist sehr wichtig. Erst, wenn die Blütensternchen vollständig aufgeblüht sind, ist der richtige Moment zum Ernten gekommen – solange noch kleine runde Knospen auf den Dolden zu sehen sind, ist das Aroma nicht voll ausgeprägt und der Geschmack eher enttäuschend.
Ebenso ist Regenwetter und Kälte dem Aroma nicht zuträglich. Am besten einige warme, sonnige Tage abwarten und dann mit Körben und Papiersäcken ausgerüstet zu einem Ausflug aufbrechen. Hat man den richtigen Zeitpunkt doch einmal verpasst, gibt es noch einen Plan B: Auf in die Berge. Auf 700 bis 1 000 Metern Höhe blühen die Pflanzen durch den Temperaturunterschied erst später, so also auch der Holunder.

Reinigen
Gleich nach dem Pflücken vorsichtig etwaige Insekten entfernen. Schütteln finde ich nicht gut, es führt zu einem Verlust an Blütenstaub und somit auch an Aroma. Waschen darf man die Blüten nicht.
Ein eigenes Problem sind die Läuse, die man manchmal als schwarze Manschette am großen Stiel oder an den kleinen Verästelungen sehen kann. Diese Blüten lässt man am besten am Strauch.

Aroma konservieren
Das Aroma der Holunderblüten ist relativ flüchtig, deswegen braucht es geeignete Methoden, um das Aroma zu binden. Die beste Trägersubstanz ist meines Erachtens die Butter: mollig, karamellig und nussig, mit knusprigen Blüten, wenn man sie in der Butter schön goldbraun werden läßt. Die Geschmacksintensität ist sehr vom Salz abhängig. Beim Gefühl „es fehlt noch etwas" einfach zum Salz greifen. Die Butter lässt sich mit oder ohne Blüten sehr gut einfrieren, am besten in kleinen Portionen, zum Beispiel in Eiswürfelbehältern und Joghurtbechern. Dann die gefrorenen Portionen in Säcke füllen und beschriften.
Auch der Essig ist ein wunderbares Medium. Allerdings nur dann, wenn er zart, harmonisch

und leicht süßlich ist; ich verwende daher immer Condimento Balsamico bianco – eine ideale geschmackliche Ergänzung.

Die Blüten können auch ohne weitere Umstände in Säckchen gepackt und eingefroren werden. Sie eignen sich dann vor allem für Rezepte, bei denen sie gekocht oder gebacken werden, weil sie nach dem Auftauen nicht mehr besonders ansehnlich sind. Das Aroma bleibt jedoch erhalten. Seien Sie also nicht enttäuscht, wenn sich die putzigen weißen Sternchen bereits Sekunden, nachdem sie aus dem Tiefkühler gekommen sind, in eine bräunliche, matt aussehende Trübseligkeit verwandelt haben. Die Blüten eignen sich nach wie vor perfekt für aromatische Kuchen, Kaiserschmarren oder Butter.
Trocknen ist ebenfalls eine Möglichkeit, die für manche Zubereitungen durchaus Sinn macht, etwa für die Holunderdukkah (S. 22) oder für einen Tee, wenn Sie Grippe haben und schwitzen möchten.

Und dann noch der Sirup! Köstlich, nicht ganz so spannend wie die anderen Zubereitungen, aber trotzdem – Sirup kann man oft gebrauchen und er verleiht dem Aroma einen strahlenden, süßen Auftritt!

Frisch genießen
Das Allereinfachste ist, die Blüten unmittelbar vor dem Servieren mit der Schere von den Dolden zu schneiden, um sie dann großzügig über einen Salat oder ein zartes Gemüse wie Karotten, Erbsen oder Spargel zu streuen. Wenn es möglich ist, kombiniere ich die Blüten immer mit Holunderessig oder Holunderbutterschmalz – ganz besonders gut kommen sie in einem fein geriebenen Karottensalat mit Holundersirup und -essig zur Geltung.
Hübsch und raffiniert sind sie auch auf einer Burrata, einem Carpaccio, zu Ceviche, in einem Pesto, einer Mayonnaise, einer Sauce Hollandaise oder einer Zabaglione.
So frisch verwendet ist der Geschmack sehr zart und entfaltet sich erst richtig, wenn man direkt auf eine Blüte beißt. Will man mehr (und Sie werden sehen, man will unbedingt mehr), dann muss man sich an eines der Basisrezepte machen.

Gebräuntes Holunderbutterschmalz

Ob aromatisiert als Gewürzbutter eingesetzt oder einfach nur natur, Butterschmalz ist aus meiner Küche nicht mehr wegzudenken. Durch langsames Kochen wird der Eiweißanteil der Butter vom Fett getrennt, so bleibt nach sorgfältigem Filtrieren ein köstlich schmeckendes Butterfett übrig, das außerdem milcheiweiß- und laktosefrei ist.
Wenn man möchte, kann man durch Zusatz von 3 bis 4 EL Olivenöl das Butterschmalz etwas streichfähiger machen. Sollte keine Sauerrahmbutter zur Hand sein, nehmen Sie einfach Süßrahmbutter.

ZUTATEN

500 g	Sauerrahmbutter oder Süßrahmbutter
¼ TL	Salz
etwa 10	Holunderblütendolden

Sie sollten sich vor der Zubereitung einige Dinge bereitstellen:

› zwei Kochtöpfe, am besten Stielkasserolen, mit mindestens 500 ml Fassungsvermögen

› mehrere saubere Schraubdeckelgläser zum Abfüllen, Mokkatassen oder Eiswürfelbehälter zum Einfrieren (für ungefähr 500 ml)

› ein nicht zu kleines Teesieb

› vier große, auseinandergeschnittene Papierteefilter, sodass man sie flach ausbreiten und jeweils zwei davon übereinander in das Sieb legen kann

ZUBEREITUNG

Grundzubereitung: Butter in einer Kasserole schmelzen und langsam bei geringer Hitze etwa 30 Minuten sanft köcheln lassen. Das erfordert etwas Geduld, aber bei zu hoher Hitze verbrennt die Butter schnell und wird bitter. Bei Spritzgefahr einen Deckel auflegen. Der entstehende Schaum muss nicht abgeschöpft werden, er trägt zum Geschmack bei. Sobald die Butter beginnt, eine goldbraune Farbe anzunehmen und zu duften, ziehen Sie den Topf von der Herdplatte. Jetzt muss es schnell gehen, im heißen Topf bräunt die Butter leicht nach! Die Butter vorsichtig nach und nach durch das durch das mit Filterpapier ausgelegte Sieb in den zweiten Kochtopf gießen oder schöpfen. Eventuell müssen Sie zwischendurch das Filterpapier auswechseln. Wenn Sie reines Butterschmalz ohne Aromen herstellen, können Sie dieses direkt in die vorbereiteten Gläser abseihen.
Nicht am Bodensatz kratzen, dieser bleibt im Topf und wird entsorgt.

Weiterverarbeitung zu Holunderbutterschmalz: Salz hinzufügen und Holunderblüten kopfüber in das noch heiße, durchgeseihte Butterschmalz stellen. Die Stiele sollten oben herausragen, die Blüten vollständig vom Fett bedeckt sein, damit sie nicht braun werden. 1 bis 2 Stunden ziehen lassen. Nochmals etwas erwärmen, bis das Schmalz wieder dünnflüssiger wird, die Blüten herausnehmen und in einem Sieb langsam abtropfen lassen. Vorsichtig ausdrücken. Wenn Sie das Butterschmalz bald verwenden wollen, in Gläser abfüllen.

Einfrieren: Beim Einfrieren verliert das Butterschmalz weniger Qualität, als wenn es sehr lange im Kühlschrank steht. Portionieren können Sie das Schmalz in Mokkatassen oder Eiswürfelbehältern. Das festgewordene Butterschmalz lässt sich ablösen, indem man den Behälter kurz in heißes Wasser taucht, die Stücke sofort herausstürzt und diese in Tiefkühlbeutel umfüllt.

Die Blüten werden getrennt eingefroren: Nachdem die Blüten abgetropft sind, am besten auf einem mit Backpapier belegten Blech vorfrieren. In flache Boxen, Schraubdeckelgläser oder Becher verpacken und einfrieren, so können Sie später beliebig viele Blüten einzeln herausnehmen. Für die weitere Verwendung wird zuerst das Butterschmalz in einem Topf erhitzt und die Blüten schließlich darin knusprig gebacken. Blüten herausnehmen, auf Küchenpapier abtropfen lassen und salzen.

Holunderbutterschmalz schmeckt wunderbar auf einem Stück knusprig getoastetem Weißbrot, mit gebackenen Blüten zu weißem Fisch oder Jakobsmuscheln, im Püree, zu jungen Erbsen, Pasta, Risotto oder über Basmatireis.

Holunderblütenessig

Der Essig war meine allererste Holunderblütenidee und ich dachte doch wahrhaftig, ihn erfunden zu haben. Bis ich von einer meiner Patientinnen aus der Steiermark erfahren musste, dass dieser Essig bei ihr in der Familie Tradition hat. Egal, wer ihn erfunden hat, er ist jedenfalls köstlich, unglaublich aromatisch und ein Riesengewinn für die meisten Salatmarinaden. Für meine Zubereitung habe ich mich entschieden, nur Balsamico bianco zu verwenden. Alle Versuche mit anderen Essigsorten waren nicht zufriedenstellend. Das zarte, blumige Aroma der Holunderblüte hat nichts anderes verdient als den zartesten Essig.

ZUTATEN

1 Liter	Condimento Balsamico bianco
15–20	Holunderblütendolden

ZUBEREITUNG

Blütendolden mitsamt Stängeln und dem Essig in ein Glas oder einen Porzellanbehälter (kein Metall!) füllen, zudecken und einige Tage bei Zimmertemperatur stehen lassen. Abseihen und in Flaschen füllen.

Ursprünglich dachte ich, dass es mindestens eine Woche brauchen würde, bis das Aroma sich auf den Essig übertragen hätte. Als ich ungeduldig schon nach einem Tag kostete, war es aber bereits ganz klar wahrnehmbar! Sie können also von Tag zu Tag entscheiden, wann Sie den Essig abgießen wollen. Aber mehr als fünf Tage bringen eigentlich keinen zusätzlichen Effekt mehr.

Die Blüten kann man weiter nutzen, indem man sie in einem Schraubdeckelglas nochmals mit Essig auffüllt und als Pickles verwendet, wie bei der Kohlrabicarpaccio-Variante (S. 46).

Verkocht man den Holunderessig mit etwas Zucker langsam zu einem Sirup, kann man damit Käse verfeinern, Salate beträufeln oder einer Sauce den letzten Schliff geben. Holunderessig kann man übrigens auch als Grundlage für ein erfrischendes Getränk verwenden. Dieses heißt dann „Drinking Vinegar" oder „Shrub" (S. 154).

Zwei weitere Methoden, Holunderblüten haltbar zu machen:

Holunder tiefgefroren: Holunderblütendolden vorsichtig in Tiefkühlbeutel packen und während des Einfrierens flach hinlegen. Sobald sie gefroren sind am besten alle Beutel in einen kleinen Karton schichten, damit die Blüten möglichst wenig zerstört werden.
In jedem Fall werden sehr viele Blütensternchen abfallen, aber viele bleiben auch an den Dolden. Diese können dann ohne Auftauen direkt in die heiße Butter gegeben werden, um knusprige Holunderblüten zu erzeugen (S. 14/S. 30). Auch zur Herstellung der Grundmischung für Kuchen (S. 18) kann der tiefgefrorene Holunder verwendet werden. Sobald der Auftauprozess beginnt, werden die Blüten schnell braun und können daher nicht mehr zu dekorativen Zwecken genutzt werden – für Kuchen, andere Teige und Gerichte, in denen der Holunder verkocht wird, eignen sie sich aber tadellos.

Holunderblüten getrocknet: Holunderblüten von den Stängeln schneiden und entweder im Backrohr bei leicht geöffneter Tür oder im Dörrapparat bei 50 °C für 6 bis 8 Stunden trocknen, bis sie keine Feuchtigkeit mehr enthalten. In Dosen oder Schraubdeckelgläser füllen und dunkel aufbewahren. Man braucht die getrockneten Blüten für die Dukkah (S. 22). Sie bekommen getrocknete Blüten auch in der Apotheke.

Holunderblütensirup

ZUTATEN
für etwa 2 ½ Liter

45–50	Holunderblütendolden
2	Bio-Zitronen, in Scheiben geschnitten
1 ½ kg	Kristallzucker
2 Liter	Wasser

ZUBEREITUNG

Blüten und Zitronenscheiben in ein großes Glas oder eine Schüssel schichten. Zucker und Wasser erhitzen, bis sich der gesamte Zucker aufgelöst hat, dann vom Herd nehmen und abkühlen lassen.
Lauwarm über den Holunder gießen, die Blüten und Zitronenscheiben – etwa mit einem mit Wasser gefüllten Schraubdeckelglas – beschweren, um sie unter der Flüssigkeit zu halten. Mit einem Tuch abdecken und einen Tag in einer nicht zu warmen Umgebung stehen lassen.
Abseihen und in sterilisierte Gläser oder Flaschen füllen. Kühl und dunkel lagern.

Ich sterilisiere meine Gläser und die Deckel im Backrohr bei 140 °C für mindestens 10 Minuten.

Grundmischung für Kuchen, Kaiserschmarren & Co.

Zitrone, Melisse und Ingwer betonen den Holundergeschmack und stellen ihm zusätzlich saure und scharfe Aromen harmonisch zur Seite. Die fertige Mischung kann eingefroren werden und dient dann der schnellen Herstellung von Kuchen, Muffins, Kaiserschmarren und Ähnlichem – sie kann sowohl für süße als auch für salzige Zubereitungen genutzt werden. Man kann die Mischung aber ebenso aus tiefgefrorenen Holunderblüten herstellen.
Dass sich die Holunderblüten braun verfärben, ist ganz normal und spielt bei Gebäck keine Rolle. Man sieht im gebackenen Zustand nur mehr grüne Sprenkel von der Melisse.

ZUTATEN

8	Holunderblütendolden
1	Handvoll Zitronenmelissenblätter
1	große Zitrone
1	walnussgroßes Stück Ingwer

ZUBEREITUNG

Die Blüten von den Stängeln schneiden – die feinen grünen Stängelchen müssen nicht entfernt werden. Die Zitronenschale mit einem Zestenreißer abziehen und mit den Holunderblüten und den Melissenblättern gemeinsam fein hacken. Zitrone auspressen. Den Ingwer schälen und reiben. Alles vermischen.

Was nicht sofort verwendet wird sollte unbedingt eingefroren werden.

Sirup
Essig
Butter
für
Kuchen
Holunder

Radieschen-Holunder-Quickpickles

Pickles können nach verschiedenen Methoden hergestellt werden und manchmal einen Reifungsprozess erfordern. Quickpickles sind genau das Richtige für Ungeduldige: Die Radieschen in diesem Rezept sind nicht nur schnell fertig, sondern sehen auch noch sehr hübsch aus. Alles Gründe, um sie kurzentschlossen sofort zu machen und gleich zu essen!

ZUTATEN

15	mittelgroße Radieschen
2	Holunderblütendolden
120 ml	Condimento Balsamico bianco
60 ml	Wasser
1 EL	Holundersirup (S. 18)
½ TL	Salz

ZUBEREITUNG

Radieschen waschen. Etwas Grün (ca. 1 cm) daran lassen und die Radieschen halbieren. Das Radieschengrün können Sie zu einem Pesto verarbeiten.

Die Holunderblüten in kleine Zweige zupfen und zusammen mit den Radieschen in ein passendes Einmach- oder Schraubdeckelglas schichten. Essig, Sirup, Wasser und Salz erwärmen und über die Radieschen gießen. Mindestens 30 bis 60 Minuten ziehen lassen.

Wenn man nicht will, dass die Radieschen die Farbe verlieren, holt man sie nach einer Stunde aus der Marinade.

Aus dem Radieschengrün mache ich am liebsten einen Pesto, der vielerlei Verwendung findet: als Salatdressing, mit Nüssen und Parmesan als Pastasauce, als Dip für Brot oder Gemüse oder für Crostini. Dazu püriere ich die **Blätter** mit **Salz**, etwas **Zitronensaft** und **Olivenöl** zu einem eher festen Pesto und röste inzwischen im Ofen Scheiben von einem Sauerteigbaguette. Brot und Pesto werden dann einfach auf den Tisch gestellt. **2 EL Frischkäse** zusätzlich geben dem Pesto einen sanfteren Charakter.

Man kann die Radieschenblätter auch ganz einfach in Salate mischen, sie sind köstlich. Das Rezept für Quickpickles funktioniert auch mit Holunderblüten aus dem Tiefkühler.

Dukkah mit Holunderblüten

Dukkah ist ursprünglich der Name einer Nuss-Gewürz-Mischung aus Ägypten, die im gesamten vorderen Orient verbreitet ist. Mittlerweile findet man sie auch in hippen Lokalen in Australien, den USA und Europa. Zu den Hauptzutaten zählen sehr oft Sesam, Haselnüsse, geröstete Kichererbsen und eine Reihe von Gewürzen wie Koriander, Kreuzkümmel und Thymian. Abhängig von Region und persönlicher Interpretation gibt es jedoch eine große Variationsbreite in der Zusammensetzung.
Diese künstlerische Freiheit habe ich in diesem Rezept voll ausgeschöpft. Blumig-spritzig kommt die Mischung daher, deren Ururgroßmutter einmal eine richtige Dukkah gewesen ist.

Dukkah isst man klassischerweise mit Weißbrot, das man zuerst in Olivenöl und anschließend in die Gewürzmischung tunkt. Aber auch über Salate gestreut oder als Kruste auf Fisch macht sich die Dukkah sehr gut.

ZUTATEN

50 g	Macadamianüsse
1 TL	Fleur de Sel oder Maldon Salt
½ TL	Sumach
4	gehäufte EL getrocknete, abgezupfte Holunderblüten oder die mindestens gleiche Menge frische Blüten
50 g	Pistazienkerne

ZUBEREITUNG

Macadamianüsse grob hacken. In einer Pfanne trocken rösten, bis sie zart gebräunt sind. Salz mit den Fingern zerbröseln und die Pistazien grob hacken. Alle Zutaten gründlich vermischen. Mit Salz und Sumach abschmecken.

Mit Weißbrot und zerlassenem Holunderbutterschmalz zum Aperitif servieren. Das Brot wird in mundgerechte Stücke gerissen oder geschnitten und dann zuerst in die Butter und anschließend in die Dukkah getunkt.

Sumach ist das getrocknete Pulver der Früchte des Sumachbaumes. Es ist in der Türkei und im Iran ein übliches Tischgewürz und bringt eine feine Säure und leichte Herbe in die Mischung, ohne das Aroma wesentlich zu verändern.
Wenn Sie kein Holunderbutterschmalz zur Hand haben, tut es ganz einfach auch gebräunte Butter; statt der Macadamias passen auch Cashews gut.
Getrocknete Holunderblüten bekommen Sie in der Apotheke, oder Sie trocknen selbst einen kleinen Vorrat im kommenden Mai (S. 16).

3
1
2

Frühlingssalat mit Rhabarber und Buttermandeln

Ein typischer Salat für den Mai – der Holunder blüht, auf der Wiese wächst jede Menge Essbares und der Rhabarber wartet darauf, mit seiner knackigen Säure auch einmal roh gewürdigt zu werden.
Alle zarten Blattsalate sind fein, aber selbstgesammelte Blättchen von Wildkräutern sind bei diesem Salat das Tüpfelchen auf dem i. Ziehen Sie also los, ausgerüstet mit einem Papiersack oder Korb für die Holunderblüten und ein bis zwei Säckchen für die Kräuter, und pflücken Sie nur, was Sie sicher erkennen: Löwenzahn, Schafgarbe, Giersch, Spitzwegerich, ein paar Blättchen von einer Linde – und natürlich Holunder.

ZUTATEN

60 g	Mandeln
6	große Handvoll gemischte Salatblättchen
1–2	Stangen Rhabarber
	Salz
2 EL	Holunderessig (S. 16)
30 g	Holunderbutterschmalz (S. 14) oder Butter
	frische Holunderblüten zum Bestreuen

ZUBEREITUNG

Mandeln in einer trockenen Pfanne bei mittlerer Hitze vorsichtig rösten, bis sie zu duften beginnen und deutliche Röstspuren zeigen. Aus der Pfanne auf einen Teller leeren und abkühlen lassen.

Die Mandeln in einen Gefrierbeutel füllen und mit dem Boden eines Glases oder einem anderen schweren Gegenstand vorsichtig in grobe Stücke klopfen. Nicht zu stark zerkleinern, es sollte kein Pulver entstehen!

Rhabarber quer in dünne Scheiben schneiden, nur dickere Stangen vorher längs halbieren. Rhabarber braucht nicht geschält zu werden, sobald man ihn quer in sehr kurze Stücke schneidet. Dadurch sind nämlich etwaige Fasern ebenfalls nur sehr kurz und dadurch unauffällig. Mit dem Schälen verliert man Großteils die wunderschöne rote Farbe des Rhabarbers.

Größere Salatblätter mundgerecht zerzupfen und in einer Schüssel mit dem Rhabarber mischen.
Vor dem Servieren Salz und Essig verrühren, mit dem Salat mischen und auf die Teller verteilen.
Die Butter in einem kleinen Topf aufschäumen lassen und die Mandeln dazugeben. Vom Herd nehmen und kurz ziehen lassen, ehe die Mandeln und die Butter über dem Salat verteilt werden.

Mit Holunderblüten bestreuen und servieren.

Hier ersetzt die Butter das Öl im Salat – und zwar grandios! Achten Sie aber noch mehr als sonst darauf, das Dressing erst in allerletzter Sekunde dazuzugeben.
Die Feinheit dieses Salates kommt nur mit zarten Sorten zur Geltung. Endivien- oder Eisbergsalat sowie Rucola und Löwenzahn in größeren Mengen passen nicht. Ich mag gerne frischen Butterhäuptlsalat als Grundlage.
Im Winter kann man den Salat einfach mit gebackenen Holunderblüten und Holunderbutterschmalz aus dem Tiefkühler zubereiten.

Holundergebeizter Saibling

Für dieses Rezept sollte man sorgfältig vorausplanen, denn nur ein perfekter Fisch macht die perfekte Freude. Der beste Fisch kommt taufrisch aus einer biologischen Fischzucht oder aus Wildfang. Es lohnt sich, geeignete Quellen in der Umgebung ausfindig zu machen.

Mit der Zubereitung muss am Vortag begonnen werden.

ZUTATEN

2	Saiblingsfilets mit Haut, je ca. 140 g
8	getrocknete grüne Pfefferkörner, zerdrückt
10 g	Fleur de Sel
2 EL	Holundersirup (S. 18)
1 EL	Limoncello
4	frische Holunderblütendolden
	frische Holunderblüten
	Limette

OPTIONAL

Holunderbutterschmalz (S. 14)

getoastetes Weißbrot

ZUBEREITUNG

Die Filets mit der Haut nach unten in eine passende Porzellan- oder Glasform legen. Mit Pfeffer und Salz bestreuen, Sirup mit Limoncello mischen und über den Fisch gießen.

Mit den frischen Holunderblüten belegen, dann mit Klarsichtfolie bedecken und ein passendes Brettchen oder Ähnliches zum Beschweren darauf legen. Für 8 bis 12 Stunden in den Kühlschrank stellen.
Filets herausnehmen, mit Küchenpapier abtupfen und schräg in hauchdünne Scheiben schneiden.
Mit frischen Holunderblüten bestreuen und mit Limettenstücken servieren.

Wenn gewünscht, gibt es dazu dünne getoastete Weißbrotscheiben und Holunderbutter.

Limoncello kann notfalls durch mit etwas Wasser verdünnten Wodka ersetzt werden. Dazu kommt noch ein Stück Zitronenschale.

Thai-Bratwurstsalat mit knusprigem Reis, Koriander und Holundervinaigrette

ZUTATEN

WURST

350 g Schweineschopf, faschiert
1 Knoblauchzehe, gepresst
½ TL Suppengewürz
½ TL Salz
¼ TL schwarzer Pfeffer
1 Prise Zucker
je 2 Kaffirlimettenblätter, sehr fein gehackt
je 2 Stängel Zitronengras, nur das weiche Innere, sehr fein gehackt
¼ TL Chilischote, entkernt, sehr fein gehackt

REIS

1½ Mokkatassen schwarzer Reis oder Sushi-Reis
¼ TL Salz
1 EL Holunderessig (S. 16)

SALAT

1 kleine Gurke, entkernt
4 knackige Salatblätter, in Stücke gezupft
1 Avocado
1 Bund Koriander, Blätter abgezupft, Stängel fein geschnitten
4 kleine Radieschen
4 Holunderblütendolden
1 gehäufter EL Erdnüsse ungesalzen, grob zerstoßen

DRESSING

½ Limette, Saft und feingehackte Schale
3 EL Holunderessig (S. 16)
1 TL Holundersirup (S. 18)
1 TL Fischsauce
Chili nach Geschmack
2 cm Ingwer, fein gerieben
Salz

Knuspriger Reis, Zitronengras, Holunder, Limette, Limettenblatt, Wurst ... ein Feuerwerk von Geschmacksblitzen. Diese Wurst hat eine Geschichte, die in Vancouver beginnt. Ich bin öfter dort, um meinen Sohn zu besuchen und wir sind gemeinsam gerne und oft in Sachen Essen unterwegs. Unter anderem ist einer unserer Fixpunkte das Maenam, ein Thai-Restaurant der innovativen Art. Von Anfang an war ich fasziniert von diesem Salat, habe ihn über die Jahre studiert und meine Version davon entwickelt. Ich finde, sie kann mithalten, aber wenn Sie einmal in Vancouver vorbeikommen, sollten Sie das Maenam keinesfalls versäumen!

ZUBEREITUNG

Wurst: Alle Zutaten gut verkneten. Ein Probestückchen in einer beschichteten Pfanne braten und kosten. Mit Pfeffer, Salz, Limettenblatt und Zitronengras abschmecken. Kleine Würste formen und abgedeckt in den Kühlschrank stellen. Optional – macht nur einen Unterschied in der Konsistenz – kann man ½ Tasse gekochten Klebreis und 50 g gekochte und in kleine Würfel geschnittene Schweineschwarte in die Wurstmasse mischen.
Wenn Sie eine gekaufte italienische Salsiccia verwenden, müssen Sie die Gewürze, die im Rezept angegeben sind (Zitronengras, Limettenblätter) zusätzlich in den Salat geben.

Reis: Den Reis mit der eineinhalbfachen Menge Wasser dünsten. Der schwarze Reis braucht etwas mehr Wasser. Sobald das Wasser fast verkocht ist, abdrehen, ein sauberes Geschirrtuch um den Deckel wickeln, den Deckel aufsetzen und den Reis auf der ausgeschalteten Herdplatte ausdämpfen lassen. Salz und Essig verrühren und untermischen, abkühlen lassen.

Salat und Dressing: Gurke, Radieschen und Avocado schneiden, mit dem gezupften Salat, dem Koriander und den Erdnüssen in einer großen Salatschüssel mischen. Für das Dressing alle Zutaten in einem passenden Schraubdeckelglas gut verschütteln.

Fertigstellung: Die Würstchen schräg in 1 cm dicke Scheiben schneiden und in einer beschichteten Pfanne mit etwas Olivenöl braten, bis sie schön braun sind. Auf Küchenpapier abtropfen lassen.
Vom Reis mit den Fingern etwa walnussgroße Portionen abnehmen, etwas flachdrücken und in derselben Pfanne von beiden Seiten knusprig braten (wenn nötig, noch etwas Olivenöl zugeben). Auf Küchenpapier entfetten.
Wurst und Reis zum Salat geben, Dressing nochmals gut schütteln und über den Salat gießen. Mischen und eventuell nochmals abschmecken.

Mit den frisch gezupften Holunderblüten bestreuen und servieren.

Chicorée-Apfel-Suppe mit Holunderbutter

Eine typische Wintersuppe, die mit dem frühlingshaften Holundergeschmack einen ganz besonderen Twist bekommt – und das in nicht mehr als fünf Minuten Arbeit!
Der karamellisierte Zucker macht den Chicorée sanfter, eine knusprige Holunderblüte obenauf ist nicht nur ein besonderer Hingucker, sondern fügt auch noch einen netten Crunch hinzu.

ZUTATEN

3	Stangen Chicorée
1	mittelgroßer Apfel
2 TL	Zucker
½ TL	Salz
500 ml	Wasser
1–2 EL	Holunderbutterschmalz (S. 14)
	einige Holunderblütendolden aus dem Tiefkühler
2 EL	Holunderbutterschmalz zusätzlich

ZUBEREITUNG

Den Chicorée in grobe Stücke schneiden. Apfel vom Kerngehäuse befreien und ebenfalls in Stücke schneiden.

Zucker in einem Kochtopf bei mittlerer Hitze schmelzen und ein wenig bräunen lassen. Chicorée und Apfel rasch hinzufügen und umrühren. Wasser und Salz dazugeben, aufkochen und etwa 10 Minuten kochen lassen, bis alles weich ist.

Zusammen mit dem Butterschmalz im Standmixer fein pürieren.
Mit Salz abschmecken.

Nehmen Sie einige Holunderblüten aus dem Tiefkühlfach, zerlassen sie das Holunderbutterschmalz und rösten Sie die Blüten darin knusprig.

Suppe anrichten, mit etwas Holunderbutterschmalz beträufeln und mit einer Blüte anrichten.

Ich finde den zartbitteren Geschmack des Chicorées nicht nur äußerst reizvoll, die Bitterstoffe sind auch sehr gesund. Wenn Sie sich erst an den bitteren Geschmack gewöhnen wollen, halbieren Sie die Chicoréestangen längs und schneiden Sie den Strunk keilförmig heraus, in ihm sind die meisten Bitterstoffe enthalten.

Karotte und Spargel mit Holunderbutter

Ob als Fingerfood für eine Party oder als kleine Vorspeise in einem Menü – dieses Gemüse schmeckt auch als Hauptgericht mit jungen Kartoffeln oder in einer frühlingshaften Pasta wunderbar.

ZUTATEN

50 g Butter
4 Holunderblütendolden
Salz

8 junge Karotten mit Grün
12 Stangen Spargel, grün und weiß
Maldon Salt oder Fleur de Sel

ZUBEREITUNG

Butter in einem kleinen Topf schmelzen, Platte anschließend abschalten und 2 kräftige Prisen Salz dazugeben. Holunderblütendolden mit den Stängeln nach oben in die Butter stellen und ziehen lassen. Alternativ nimmt man Holunderbutter und -blüten aus dem Tiefkühler.

Einen Kochtopf mit passendem Dämpfkorb aus Bambus vorbereiten, etwa 10 cm hoch Wasser einfüllen und zum Kochen bringen.
Von den Karotten das Grün ca. 1½ cm oberhalb des Ansatzes wegschneiden, dann abbürsten oder schälen und längs halbieren. Sehr junge Karotten können ganz bleiben, dann muss die doppelte Menge gerechnet werden.
Vom grünen Spargel die holzigen Enden abschneiden, das untere Drittel schälen, sofern nötig. Den weißen Spargel komplett schälen. Quer mit einem schrägen Schnitt halbieren.
Karotten und Spargel in getrennte Bambuskörbe übereinander auf den Topf setzen und je nach Dicke der Stücke 8 bis 15 Minuten bissfest garen. Salzen.

Zum Servieren zuerst die Butter erhitzen und die Blüten darin einige Minuten köcheln lassen, bis sie hellbraun und knusprig sind.
Topf von der Herdplatte ziehen, die Blüten auf Küchenpapier abtropfen lassen. Karotten und Spargel in vier Gläser aufteilen, Butter dazugießen und mit einer Blüte dekoriert servieren.

Zum Auftunken der Butter sollte Weißbrot auf dem Tisch stehen.

Das Gemüse darf nicht zu lange gedämpft werden, weil es als Fingerfood sonst nicht mehr brauchbar ist. Sollte es dennoch einmal zu weich geraten sein, nicht im Glas, sondern besser auf vorgewärmten Tellern anrichten. Wenn es bereits fertiges Holunderbutterschmalz gibt, kann dieses natürlich statt der Butter verwendet werden.

Boudin frites mit Holunder-Apfelmus

In Anlehnung an den französischen Klassiker „Steak frites“ habe ich der Blutwurst in der Form von Pommes frites den Namen „Boudin frites“ gegeben. Blutwurst gehört zu meinen speziellen Schützlingen, deren Ehrenrettung mir besonders am Herzen liegt. Ob Muskelfleisch, Innereien oder Blut ist eigentlich im Prinzip kein Unterschied – alles gehört zum Tier. Allerdings ist hier die Qualität besonders wichtig (S. 8). Auch wenn Sie bis jetzt nicht zu den Blutwurstliebhabern gehörten, vielleicht gelingt mir mit diesem eleganten Snack doch ein Überraschungserfolg?

ZUTATEN

BLUTWURST

300 g	Blutwurst, enthäutet und in Pommes-frites-förmige Stäbchen geschnitten
	Reismehl oder Maisstärke
1–2 TL	Bio-Palmfett

HOLUNDER-APFEL-MUS

1	großer grüner Apfel, geschält und entkernt (die Hälfte der Schalen aufheben)
2 EL	Holunderessig (S. 16)
1 EL	Holunderbutterschmalz (S. 14)
1 TL	Holundersirup (S. 18)
	frische Holunderblütendolden (optional)

ZUBEREITUNG

Die Blutwurststücke in Reismehl wenden und rundherum in Palmfett knusprig braten, auf Küchenpapier entfetten.

Den Apfel in Achtel schneiden und in wenig Wasser mit 1 TL Holunderessig etwa 3 bis 4 Minuten kochen. Anschließend abkühlen lassen.
Die Apfelstücke zusammen mit 30 ml Kochflüssigkeit, Apfelschalen, Essig, Sirup und Butterschmalz fein pürieren. Bei Bedarf noch etwas Flüssigkeit hinzufügen. Mit Sirup und Essig abschmecken.

Mit frischen Holunderblüten bestreuen und zur Blutwurst servieren.

Am besten lässt sich eine feste Blutwurst braten, zu weiche Würste zerfallen sehr leicht. Das Wenden in Maisstärke oder Reismehl gibt eine gute Kruste. Bio-Palmfett kommt in diesem Buch einige Male vor, weil ich es unter bestimmten Voraussetzungen gerne verwende. Man benötigt nur kleine Mengen, denn das Fett zergeht zu einer beinahe wässrigen Flüssigkeit, es lässt sich sehr hoch erhitzen (daher ist es auch zum Frittieren gut geeignet) und ist geschmacksneutral. Mehr Information siehe S. 10.

Achtung bei Unverträglichkeiten! Blutwurst ist wie viele andere Würste in den meisten Fällen weder milch- noch glutenfrei!

Maibockragout mit Rote-Rüben-Holunder-Marmelade und Grießknödeln

ZUTATEN

FLEISCH

1 kg	Rehgulasch, in große Würfel geschnitten
2 EL	Maisstärke
½ TL	Salz
½ TL	Pfeffer
1 EL	Olivenöl
1 EL	Butter
2	Zwiebeln, grob geschnitten
2	Knoblauchzehen, ganz
je 1	Karotte, Petersilienwurzel und ein kleines Stück Knollensellerie
2 TL	Korianderkörner, gemörsert
1	Sternanis
120 ml	Portwein
120 ml	Rotwein
300 ml	Rindsuppe

ROTE-RÜBEN-HOLUNDER-MARMELADE

1	kleine gekochte rote Rübe
125 ml	Wasser
1 EL	Holunderessig (S. 16)
¼ TL	Salz
3 TL	Holundersirup (S. 18)
1 EL	Maisstärke
1/2	kleiner säuerlicher Apfel, entkernt
2 TL	Holunderbutter (S. 14)
	frische Holunderblüten zum Bestreuen (optional)

KNÖDEL

450 ml	Wasser
60 g	Butter oder Butterschmalz
¾ TL	Salz
	Muskatnuss
300 g	Weizengrieß
1	Ei

Wildragout mag ich zur Abwechslung gerne mit einer Kombination aus roten Rüben, Apfel und Holunderblüte, die ja gerade im Mai auf allen Wiesen zu finden ist. Sie begleitet den Maibock mit viel Frische und frühlingshaftem Aroma.

ZUBEREITUNG

Ofen auf 150 °C vorheizen.

Ragout: Maisstärke mit Salz und Pfeffer mischen. Die Fleischstücke darin wenden, überschüssige Stärke abklopfen. Öl in einem großen Schmortopf erhitzen. Butter dazugeben und Fleisch anbraten. Herausnehmen, Gemüse und Gewürze in den Schmortopf geben und schmoren lassen, bis die Zwiebeln eine hellbraune Farbe haben.
Rotwein und Portwein angießen, aufkochen und etwas einreduzieren lassen. Suppe dazugießen und aufkochen lassen. Das Fleisch wieder hineingeben, Topf zudecken und für ca. 90 Minuten in den Ofen stellen.
Fleischstücke aus dem Topf nehmen und beiseitestellen, Sternanis entfernen. Die verbleibende Sauce mit Wurzeln und Zwiebeln pürieren. Mit Salz, Pfeffer und eventuell einem Spritzer Essig abschmecken. Sauce und Fleisch wieder zurück in den Schmortopf geben. Wenn man das Fleisch am Vortag zubereitet, kann die Sauce über Nacht kaltgestellt und das Fett sehr einfach abgehoben werden, bevor man die Sauce fertigstellt.

Rote-Rüben-Holunder-Marmelade: Rübe in kleine Würfelchen schneiden und mit Wasser, Essig, Salz und Sirup aufkochen. Maisstärke mit möglichst wenig kaltem Wasser anrühren und dazugeben. Einmal aufkochen. Den kleingewürfelten Apfel und die Butter einrühren. Abkühlen lassen. Wenn man möchte, kann man die Marmelade auch mit dem Pürierstab fein mixen.
Vor dem Servieren eventuell mit frischen Blüten bestreuen.

Knödel: Wasser, Butter oder Butterschmalz, Salz und Muskat in einem mittelgroßem Kochtopf zum Kochen bringen, Grieß dazuleeren und so lange rühren, bis sich die Masse vom Topfboden löst. Vom Herd nehmen und etwas abkühlen lassen. Das Ei einarbeiten und ganz abkühlen lassen. Mit feuchten Händen kleine Knödel formen (ergibt etwa 16 Stück von der Größe kleiner Marillen) und im knapp siedenden Wasser etwa 6–7 Minuten garziehen lassen.

Als glutenfreie Beilage eignen sich Gnocchi (S. 96). Statt Reh kann man auch Rinderwade oder RinderwangerIn verwenden. Versuchen Sie die Rote-Rüben-Holunder-Marmelade auch einmal zu einem süßen Kaiserschmarren oder zu Topfenknödeln.

Holunderkuchen mit Guss

Das einzigartige Holunderaroma bekommt hier noch Zitrone, Zitronenmelisse und Ingwer zur Seite gestellt. Durch die Balance von Säure, Süße und Aroma ist das Ergebnis besonders spannend und gleichzeitig harmonisch.

ZUTATEN

	TEIG
	eine Zubereitung Kuchenmischung (S. 18)
5	Eier, getrennt
250 g	Butter
200 g	Staubzucker
60 ml	Cointreau (Bitterorangenlikör), Limoncello oder Apfelsaft
300 g	Mehl
1 Pkg.	Backpulver
	GUSS
120 ml	Holundersirup (S. 18)
2	Zitronen, Saft

ZUBEREITUNG

Ofen auf 180 °C vorheizen.

Eiklar mit einer Prise Salz zu steifem Schnee schlagen und kaltstellen. Butter und Zucker schaumig rühren, Eidotter nach und nach beimengen. Likör und Kuchenmischung hinzufügen und verrühren.

Mehl mit Backpulver mischen und langsam unterrühren, bei Bedarf etwas Wasser dazugeben.
Den Schnee mit einem Holzlöffel unterheben.

Eine große oder mehrere kleine Formen ausbuttern und mit Mehl ausstreuen, Teig einfüllen und bei einer großen Form etwa 45 Minuten, bei kleineren Formen entsprechend kürzer goldbraun backen.

Zutaten für den Guss zusammenmischen.

Kuchen aus der Form nehmen, auf einem Kuchengitter leicht auskühlen lassen, mit einem Holzstäbchen von allen Seiten mehrmals anstechen und rundherum mit dem Guss bepinseln.

Auch ohne Guss schmeckt der Kuchen wunderbar, zum Beispiel zum Tee. Ein dicker Klacks halbgeschlagenes Obers, Eis oder Lemon Curd machen den Genuss perfekt.

Cheesecake mit Holunder und Melisse

Cheesecake gehört sicher zu den allgemein beliebtesten Kuchen. In der Abwandlung mit Holunderblüten wird er ganz bezaubernd – auch optisch!

ZUTATEN

für eine hohe Springform
mit 16 cm Durchmesser

KUCHENBODEN

80 g	Butter oder Holunderbutterschmalz (S. 14)
200 g	Butterkekse

FÜLLUNG

500 g	Topfen mit 45 % Fett
70 g	Staubzucker
2 EL	Holunderblütensirup (S. 18)
1	Zubereitung der Kuchenmischung (S. 18)
2	Eier
2 EL	Maisstärke

frische Holunderblüten
zum Bestreuen

ZUBEREITUNG

Ofen auf 170 °C vorheizen.

Kuchenboden: Butter schmelzen, Kekse in einen Tiefkühlbeutel füllen und mit einem Nudelholz zu Bröseln zerklopfen oder in der Küchenmaschine mixen und mit der Butter mischen.

Die Butter-Keks-Masse in die Springform drücken, dabei einen hohen Rand formen. 15 Minuten zum Festigen in den Tiefkühler stellen.
Ein Stück Backpapier auf den Backofenrost legen und die Form darauf stellen, 10 Minuten vorbacken. Herausnehmen und abkühlen lassen.

Füllung: Alle Zutaten in der Küchenmaschine zu einer glatten Masse verrühren, in die Form mit dem vorgebackenen Kuchenboden füllen und etwa 40 Minuten fertigbacken.

Wenn die Oberfläche zu braun wird, ehe die Fülle durchgebacken ist, für die letzten Minuten ein Stück Alufolie darüberlegen.
Herausnehmen, etwas abkühlen lassen, dann den Rand der Springform vorsichtig lösen und abnehmen.

Mit Holunderblüten belegen und eventuell mit frischen Erdbeeren servieren.

Der Kuchenboden lässt sich auch mit glutenfreien Keksen problemlos zubereiten. Wer auf Kuhmilchprodukte allergisch ist, kann auch Ziegen- oder Schaftopfen verwenden. Für eine große Springform mit 24 cm Durchmesser benötigt man etwa die doppelte Menge an Zutaten.

Maiwipfel

Maiwipfel, österreichisch auch liebevoll „Maiwipferl" genannt, sind die jungen Fichtentriebe, die im Mai hellgrün an jedem einzelnen Zweig sprießen. Am Anfang noch winzig und von einer kupferbraunen Schutzkappe überzogen, wachsen sie innerhalb weniger Tage zu buschigen Jungtrieben heran.

Als Kinder liebten wir die Maiwipfel auf unseren Wanderungen, direkt vom Baum gepflückt und gekaut waren sie die perfekten Durstlöscher.
Auch als Hustenmedizin hatten sie einen besonderen Stellenwert – meine Großmutter machte Sirup daraus.
Damit ist das eigentliche Potential dieser Knospen aber noch lange nicht ausgeschöpft, denn sie sind auch kulinarisch ein Ereignis. Ihre Säure ist zart und gleichzeitig sehr deutlich, das Aroma ist harzig, waldig und frisch.
Bis jetzt habe ich Maiwipfel ausschließlich roh verarbeitet, denn sie verlieren beim Kochen leider die Farbe, außerdem einen Teil ihres Aromas und auch einige ihrer guten Inhaltsstoffe. Trotzdem – gibt man sie in kochendes Wasser, passiert etwas Aufregendes: das Wasser riecht und schmeckt zart nach Blüten ... Flieder oder Veilchen vielleicht.
Ich warte schon auf den nächsten Mai, um weiter zu experimentieren.

Fichte oder nicht?
Eine Fichte zweifelsfrei zu erkennen ist nicht schwierig, die Nadeln stehen rundherum am Zweig ab. Stehen die Nadeln nur nach rechts und links wie mit einem Mittelscheitel, dann handelt es sich meistens um eine Tanne. Diese ist zwar ungiftig aber nicht so gut zu verwenden.

Nehmen Sie sich aber in Acht vor der Eibe. Diese ist in all ihren Teilen sehr giftig, dennoch eigentlich auch gut zu unterscheiden. Der Baum hat eine ganz andere Wuchsform und – das Allerwichtigste: Wenn Sie an den Nadeln riechen oder einige zwischen den Fingern zerreiben, gibt es keinen typischen Geruch nach Weihnachtsbaum.

Kennenlernen und Ernten
Am deutlichsten ist der Geschmack, wenn man einfach in so ein Wipfelchen hineinbeißt – die beste Art, um das Aroma kennenzulernen und zu erforschen.
Es gibt auch Silberfichten, die eher in die bläuliche Farbrichtung gehen und ebenfalls gegessen werden können. Ich finde sie allerdings wesentlich harziger und herber und verwende sie daher kaum.
Der ideale Zeitpunkt zur Ernte von Maiwipfeln ist meist Mitte Mai, um Pfingsten herum. Dann sind die Triebe gut entwickelt und noch weich. Sobald sie gegen Ende Mai dunkel werden verändern sich Konsistenz und Aroma, die Triebe werden zäh, sperrig und zu herb.

Oft verlangt das Rezept nach gehackten Maiwipfeln, weil sie sich so am besten verteilen und einfügen.

Konservieren

Die Maiwipfel haben die herausragende Eigenschaft, der Kälte zu trotzen – nicht nur draußen im Winter am Baum, sondern auch gut verpackt in der Tiefkühltruhe. Sie kommen aus dem gefrorenen Zustand, als wären sie gerade erst frisch vom Baum gepflückt worden. Aufgetaut sind sie immer noch strahlend grün und knackig, nur ihr Aroma verfliegt schneller. Darum sollte man sie erst kurz vor der Verwendung aus der Kühltruhe holen.
So gehören die Maiwipfel zu den wenigen Zutaten in diesem Buch, die ohne Basiszubereitungen auskommen - man pflückt sie quasi allzeit frisch vom Tiefkühlbaum.

Brokkolisalat mit Maiwipfeln und gerösteten Hanfsamen

Dieser Salat ist superflexibel und kann zu fast allen Jahreszeiten zubereitet werden: die Maiwipfel holt man einfach aus dem Tiefkühler und die Beigaben zum Brokkoli sind ganz leicht sowohl persönlichen Vorlieben als auch den Gegebenheiten der Saison anzupassen. Zum Beispiel können Tomatenwürfel die Radieschen ersetzen – auch getrocknete Cranberries machen sich sehr gut, wenn es gerade Winter ist.
Die gerösteten Hanfsamen schmecken intensiv nussig und krachen richtig beim Draufbeißen.

ZUTATEN

600 g	Brokkoli
	Salz
	Natron
1 Bund	kleine Radieschen oder 2–3 Tomaten
1	Bio-Zitrone, Schale, sehr fein gehackt
2 EL	Condimento Balsamico bianco oder Holunderessig (S. 16)
	Salz
6 EL	Olivenöl
2–3 EL	Hanfsamen, ungeschält
4 EL	Maiwipfel, gehackt

ZUBEREITUNG

Wasser in einem großen Topf zum Kochen bringen.

Brokkoli in kleine Röschen zerteilen, den großen Stängel schälen und in Stücke schneiden. Wasser salzen und eine Prise Natron hineingeben. Brokkoli darin 2 bis 3 Minuten kochen, herausheben und kurz in eiskaltes Wasser tauchen. In einem Sieb abtropfen lassen.
Radieschen von den Blättern trennen (Das Grün können Sie zu Pesto verarbeiten, S. 20).
Die Radieschen schneiden und in einer Schüssel mit dem Brokkoli mischen. Wenn Sie Tomaten verwenden, diese entkernen und in kleine Würfel schneiden, dann mit dem Brokkoli mischen.

In einem Schraubdeckelglas Essig, Salz, Zitronenschale und Öl kräftig verschütteln.

Die Hanfsamen in einer Pfanne trocken rösten, bis sie zu duften beginnen. Brokkoli erst unmittelbar vor dem Servieren mit der Salatsauce mischen (vorher nochmals gründlich schütteln) und mit Maiwipfeln und Hanfsamen bestreut servieren.

Als Ersatz für die Hanfsamen können auch Sonnenblumenkerne geröstet werden.

Kohlrabicarpaccio mit Maiwipfeln

Die einfachen Genüsse ... oft braucht es so wenig zum Glück.
Kohlrabi ist wie geschaffen, um als hauchdünne Unterlage mit allen möglichen Aromen eine perfekte Beziehung einzugehen. Viele Zutaten aus diesem Buch wären in Frage gekommen: Rosengewürz, Liebstöckl, Fenchelblüte, Holunder und Yuzu – zusammen mit einem passenden Öl, im Zweifelsfall immer einem guten Olivenöl oder Butter: alle großartig. Ich habe mich ganz bewusst für die Maiwipfel entschieden, weil sie in ihrer unbändigen Frische und Saftigkeit so köstlich zusammenpassen.

ZUTATEN

1	Kohlrabi, geschält
	Olivenöl
2 EL	Maiwipfel
	Maldon Salt

ZUBEREITUNG

Kohlrabi hauchdünn schneiden, am besten mit einer Mandoline, und auf Tellern auflegen. Mit Olivenöl beträufeln und mit Maiwipfeln und Salz bestreuen.

Für eine Variante mit Holunder nehme ich die Blüten, die nach der Essigherstellung (S. 16) übrigbleiben und hacke diese. Auf die vorbereiteten Teller kommt ein wenig Holunderessig, darauf die Kohlrabischeiben, Salz und die gehackten Holunderblüten. Zum Abschluss wird das Carpaccio mit warmem Holunderbutterschmalz beträufelt. Auch ein paar knusprige kleine Holunderblüten und geröstete Sonnenblumenkerne können noch obenauf gestreut werden.

Bei einem normalen Carpaccio würde man Zitrone darüber träufeln, hier ist das nicht empfehlenswert. Die Säure kommt von den Maiwipfeln.

Maiwipfelgribiche

Freunde der französischen Küche erkennen hier sofort die berühmte Sauce gribiche wieder, eine mayonnaiseähnliche Sauce aus gekochtem Eidotter, Senf und Öl. Dazu kommen üblicherweise noch gehackte Cornichons, Kapern und Kräuter. In meinem Rezept treten die spritzigen Maiwipfel ganz allein und konkurrenzlos auf.
Der Name stammt kurioserweise angeblich von einem Wort aus dem normannischen Dialekt, das übersetzt „schlechte oder böse Frau" bedeutet. Wie haben wohl die Pfade von dort zu so einer köstlichen Sauce geführt?
In Frankreich ist die Sauce gribiche einer der großen Klassiker zu Kalbskopf, Schweinefüßen und Pot-au-feu. Sie passt jedoch auch herrlich zu gebratenem und kalt dünn aufgeschnittenem Kalbfleisch oder zu gekochter Zunge, egal ob kalt, warm, natur oder geselcht. In diesem Rezept wird die Sauce als Dip zu knackigen Summerrolls serviert.

ZUTATEN

	SAUCE GRIBICHE
3	Eier, hart gekocht
1½ TL	Dijonsenf
¾ TL	Salz
	Pfeffer
2½ EL	Condimento Balsamico bianco
120 ml	Olivenöl
4 EL	Maiwipfel
	SUMMERROLLS
	Knackige Salatblätter
	Gurken, in Stifte geschnitten,
	halbierte Spargel oder anderes Gemüse nach Wunsch
	Reispapierblätter

ZUBEREITUNG

Sauce gribiche: Eier schälen, halbieren und Eidotter herauslösen. In einem hohen Gefäß mit dem Pürierstab die Eidotter mit Senf, Salz, Pfeffer und Essig mischen, bevor man das Öl langsam untermixt. In eine Schüssel umfüllen. Eiweiß mit einer Gabel fein zerdrücken und mit den Maiwipfeln in die Sauce rühren. Wird die Sauce früher vorbereitet, dürfen die Maiwipfel erst unmittelbar vor dem Servieren untergemischt werden.

Summerrolls: Reispapier für einige Sekunden in lauwarmes Wasser legen, auf der Arbeitsfläche auf einem feuchten Tuch ausbreiten und mit den Zutaten so belegen, dass die Spitzen vom Gemüse auf einer Seite etwas überstehen. Eng einrollen, dabei die eine Seite offen lassen und die andere Seite nach der ersten Umdrehung fest einschlagen. Mit der Sauce zum Dippen servieren.

Auch lustig als Gemeinschafts-Aktion – jeder bekommt eine Arbeitsunterlage und wickelt sich seine Rolls selbst.

Gebeizte Makrele mit Radieschen-Maiwipfel-Salsa

Die Suche nach der ultimativen Beizmethode für Makrelen erwies sich als ziemlich langwierig, immer war etwas falsch: zu salzig, zu sauer, schlecht zu schneiden, unansehnlich. Und doch war es mir wichtig, die Makrele zu verwenden, weil sie einer jener Fische ist, die man noch mit einigermaßen gutem Gewissen essen kann und der gleichzeitig auch ein perfektes Fettsäureprofil aufweist.
Schließlich hat sich dann die einfachste Methode durchgesetzt, gepaart mit der Erkenntnis, dass die Beizzeiten nicht allzu lang und die Säurekonzentration nicht allzu hoch sein sollte. Das Trio aus Maiwipfeln, Radieschen und Wasabi ergänzt dabei den Fisch ideal.

ZUTATEN

FISCH

1	große Makrele (ca. 400 g), filetiert, mit Haut
1 kg	grobes Meersalz
2 EL	(Reis-)Essig
1 EL	Limettensaft

RADIESCHENSALSA

8	Radieschen, fein gewürfelt
2	Minigurken oder ½ normale Gurke, entkernt, klein gewürfelt
	Salz
2–3 EL	Condimento Balsamico bianco
6 EL	Olivenöl
2 EL	Maiwipfel, gehackt
1 EL	Erdnüsse, zerstossen

WASABICREME

1 TL	Wasabipaste
1 Becher	Crème fraîche oder Joghurt
	Salz

extra Maiwipfel zum Bestreuen

ZUBEREITUNG

Fisch: Eine Schicht Salz in eine passende Form füllen, die beiden Makrelenfilets mit der Hautseite nach außen zusammensetzen und auf das Salz legen.
Dann zur Gänze mit Salz bedecken und für zwei Stunden zugedeckt in den Kühlschrank stellen. Anschließend das Salz abspülen.
Die Makrelenfilets mit Essig, Limettensaft und 5 EL Wasser in einen Plastikbeutel geben, 20 Minuten im Kühlschrank ziehen lassen.
Herausnehmen, Marinade abgießen, Fisch trockentupfen und die dünne, durchsichtige Haut abziehen.
Bis zum Servieren in Frischhaltefolie wickeln und kühl stellen.

Radieschensalsa: Das sehr klein gewürfelte Gemüse mit Salz, Essig und Öl marinieren und erst kurz vor dem Servieren Maiwipfel und Erdnüsse untermischen.

Die Zutaten für die Wasabicreme verrühren.

Makrelenfilets schräg in dünne Scheiben schneiden, mit Salsa und Wasabicreme anrichten und mit extra Maiwipfeln bestreut servieren.

Werden kleinere Makrelen verwendet, verkürzt sich die Zeit des Einlegens im Salz entsprechend ihrem Gewicht. Für einen hübschen optischen Effekt kann man der Essigmarinade etwas rohe, fein geriebene rote Rübe zusetzen, dann kommt die Makrele in kräftigem Pink aus ihrem Säurebad.

Saibling im Salzbett mit Maiwipfelbutter

Für dieses Rezept werden zuerst nur die Rex-Gläser mit Salz im Ofen aufgeheizt. Wenn dann die zarten Fischstücke auf das Salzbett gelegt werden und der Deckel geschlossen wird, wirkt jedes Rex-Glas wie ein eigener kleiner Backofen, in dem der Fisch besonders schonend gart.

ZUTATEN

KARTOFFELN

8	kleine Bio-Kartoffeln mit Schale
	Olivenöl

MAIWIPFELBUTTER

2 EL	weiche Butter
2 EL	gehackte Maiwipfel
¼ TL	Salz

FISCH

500 g	grobes Meersalz
2	Eiklar
1	großes Saiblingsfilet à 200 g oder 2 kleinere Filets
150 ml	Fischfond oder Gemüsesuppe
4	Rex-Gläser (Metallbügelgläser mit Glasdeckel) à 200 ml Fassungsvermögen

ZUBEREITUNG

Ofen auf 200 °C vorheizen.

Kartoffeln: Die Kartoffeln gründlich bürsten, in eine passende ofenfeste Form geben, mit Olivenöl beträufeln und etwa 20 Minuten im Ofen rösten.

Maiwipfelbutter: Alle Zutaten für die Butter verrühren und bei Zimmertemperatur stehenlassen. Die Butter darf nicht eiskalt sein, weil sie sonst den Fisch zu rasch abkühlt.

Fisch: Saiblinge in vier in die Gläser passende Stücke schneiden und auf der Fleischseite einölen.
Die vorbereiteten Rex-Gläser (mit Gummi) bis zur halben Höhe mit Öl auspinseln.
Eiklar zu Schnee schlagen, mit dem Salz mischen und damit die Gläser zu etwa einem Drittel füllen, Deckel zuklappen aber nicht verschließen. Die Gläser auf ein Backblech stellen und im Ofen 5 bis 10 Minuten heiß werden lassen.
Fond zum Kochen bringen.
Gläser aus dem Ofen nehmen, je ein Fischstück mit der Fleischseite auf das Salz legen, etwas Fond angießen und den Deckel vorsichtig schließen. Zwei Minuten stehenlassen (dickere Fischstücke kommen vorher noch zwei zusätzliche Minuten in den Ofen).

Kartoffeln und Butter auf den vorbereiteten Tellern verteilen, das Glas mit dem Fisch dazustellen, die Klammer öffnen aber den Deckel noch geschlossen lassen. Achten Sie darauf, dass Ihre Gäste das Glas nur mit einer Serviette anfassen, es ist sehr heiß!

Die Maiwipfelbutter aus diesem Rezept passt hervorragend zu gebratenen Fischfilets oder einer ganzen Forelle aus der Pfanne. Sie schmeckt auch köstlich zu frisch gekochten Kartoffeln. Außerdem lässt sich die Butter perfekt portionsweise einfrieren.

Ossobuco mit Maiwipfelgremolata und Jalapeño-Cornbread

ZUTATEN

OSSOBUCO

1,5 kg	dicke Beinscheiben vom Kalb
1 EL	Maisstärke
½ TL	Salz
¼ TL	Pfeffer
1 EL	Olivenöl
1 EL	Butter
120 ml	Noilly Prat
300 ml	Rinderfond

JALAPEÑO-CORNBREAD

(für eine quadratische Form von ca. 20 cm)

6 EL	Butter oder Butterschmalz
1	Jalapeñochili, Kerne entfernt, fein gehackt
1	Tasse Polenta fein (keine Schnellkochpolenta)
1	Tasse Mehl
2 TL	Zucker
1½ TL	Backpulver
½ TL	Natron
¼ TL	Salz
2	Eier
1½	Tassen Buttermilch

MAIWIPFELGREMOLATA

5 EL	Maiwipfel, gehackt
1	Handvoll Petersilie, gehackt
1	Zitrone, Schale, gehackt
1	Handvoll Pinienkerne, gehackt

Für dieses traditionelle Gericht aus der italienischen Küche werden dicke Beinscheiben vom Kalb lange geschmort und klassischerweise mit einer Mischung aus Petersilie, Zitronenschale und Knoblauch bestreut. In meiner Version verstärkt eine große Portion Maiwipfel den Frischeeffekt der Gremolata noch deutlich und verzichtet dafür auf den Knoblauch. Als Beilage und zum Tunken eignet sich das Cornbread mit dem feinen Chili-Kick ideal. Planen Sie beim Fleischeinkauf genügend Reserve ein, denn manche Scheiben bestehen fast ausschließlich aus Knochen.

ZUBEREITUNG

Ossobuco: Die Haut am Fleischrand mehrfach einschneiden, damit sie sich beim Garen nicht zusammenzieht. Maisstärke mit Salz und Pfeffer mischen. Das Fleisch darin wenden, überschüssige Stärke abklopfen.
Öl in einem großen Schmortopf erhitzen, Butter dazugeben und Fleisch anbraten. Mit Noilly Prat aufgießen und fast verdampfen lassen, dann Fond oder Suppe zugießen.
Die Fleischscheiben hoch stellen, damit das Mark nicht herausrinnt. Aufkochen lassen, zudecken und auf kleiner Flamme oder im Ofen bei 150 °C mindestens 90 Minuten lang schmoren.
Sauce in einen kleineren Kochtopf umfüllen und einkochen lassen. Mit Salz, Pfeffer und eventuell einem Spritzer Zitrone abschmecken und bei Bedarf mit in Wasser angerührter Maisstärke binden. Sauce zurück in den Schmortopf geben.

Cornbread: Ofen auf 210 °C vorheizen.
Butter in einem kleinen Topf schmelzen, Jalapeño in die warme Butter geben und etwas ziehen lassen.
Alle trockenen Zutaten mischen. Eier, Buttermilch und Butter ebenfalls mischen, dann beide Massen zusammenrühren.
Backform für einige Minuten zum Aufheizen in den Ofen stellen. Herausnehmen, mit etwas Olivenöl auspinseln und die Masse einfüllen. 20 bis 25 Minuten lang goldbraun backen.

Gremolata: Alle Zutaten mischen. Zum Servieren einen Teil über das Fleisch streuen, den Rest extra bei Tisch dazustellen.

Für eine allergenfreie Variante kann man das Cornbread ohne weiteres mit glutenfreiem Mehl und Kokosmilch (etwas erwärmt, damit sich das Fett verteilt und mit einem Spritzer Zitrone verrührt) backen. Die Butter kann durch Olivenöl ersetzt werden. Über Jalapeños finden Sie an anderer Stelle mehr Informationen (S. 236).

Oh Tannenbaum I: Maiwipfel-Weihnachtskekse

Weihnachtsbäumchen mit echten Nadeln sind doch einfach ein Hit! Ihren Kindern wird das Zubereiten mit Sicherheit viel Spaß machen, insbesondere, wenn Sie die Kekse am 24. Dezember backen. Deshalb habe ich auch einen besonders robusten Teig gewählt, der einiges an eifrig werkelnden Kinderhänden aushält, ohne gleich alle Zacken zu verlieren.

ZUTATEN

150 g	Mehl
50 g	Kartoffelstärke
1 TL	Backpulver
40 g	kalte Butter, in kleine Stücke geschnitten
50 g	Staubzucker
1	Ei
2 EL	Honig
1	Spritzer Zitrone
2–3 EL	Maiwipfel aus der Tiefkühltruhe
	Zuckerperlen

ZUBEREITUNG

Ofen auf 160 °C vorheizen.

Mehl, Kartoffelstärke, Backpulver und Butter rasch mit den Fingern abbröseln. Zucker mit dem Ei verquirlen und unter die Mehlbuttermischung rühren. Kurz verkneten und etwa 30 Minuten kühl rasten lassen. Den Teig auf einer bemehlten Arbeitsfläche dünn ausrollen und mit einer Tannenbaumform Kekse ausstechen. Auf ein mit Backpapier ausgelegtes Blech geben und hellbraun backen, danach auf einem Kuchengitter abkühlen lassen. Honig mit Zitronensaft leicht erwärmen, um ihn flüssiger zu machen. Die Bäumchen mit der Mischung bepinseln und mit Maiwipfeln und Zuckerperlen weihnachtlich schmücken.

Immer nur so viele Kekse backen, wie gegessen werden, denn so hübsch begrünt sind sie nicht lange haltbar. Die Maiwipfel immer ohne Auftauen direkt aus der Tiefkühltruhe verwenden.

Oh Tannenbaum II: Maiwipfel-Pizzette

Nicht nur zur Weihnachtszeit ein Hingucker: Ob rund oder als Tannenbäumchen serviert, bekommen diese käsegefüllten Mini-Pizzen ihr Finish nach dem Backen durch Maiwipfel! Dazu kommen dann getrocknete Tomatenstückchen (S. 138), winzige Salamiwürfel, Speck oder Käseschneeflocken. Eilige nehmen fertigen Pizzateig. Ich finde, Blätterteig oder Kuchenteig eignet sich sogar noch besser zum Ausstechen, weil der Teig sich nicht so leicht verformt wie Hefeteig.

ZUTATEN

	HEFETEIG
300 g	Mehl
1	Päckchen Trockenhefe
200 ml	lauwarmes Wasser
1 TL	Salz
1 EL	Öl
1	Ei, verquirlt
100 g	Mozzarella, in kleine Scheiben geschnitten

ZUBEREITUNG

Aus den Zutaten einen Hefeteig bereiten. Zu einer Kugel formen, mit Mehl bestäuben und in einer Schüssel zugedeckt an einem warmen Ort zwei Stunden gehen lassen. Der Teig sollte sein Volumen etwa verdoppeln. Teig auf einer gut bemehlten Fläche ausrollen, Tannenbäume mit einer Form ausstechen oder besser mithilfe einer selbstgebastelten Schablone ausschneiden. Auf die Hälfte der Bäumchen eine Scheibe Mozzarella legen. Ränder mit Ei bepinseln, mit den anderen Bäumchen bedecken und vorsichtig zusammendrücken. Bei 180 °C goldbraun backen. Die fertigen Bäumchen mit Olivenöl bepinseln und mit Maiwipfeln und Tomatenstückchen belegen. Sofort servieren.

Maiwipfeltiramisu

Dass sich die Maiwipfel so gut in eine Süßspeise einfügen würden, war nicht von Anfang an klar. Dann aber – gewagt, gewonnen – war die Kombination auf Anhieb ein Erfolg. Dieses Dessert wird auch weniger Mutigen und Kindern schmecken!

ZUTATEN

SIRUP

1	Mokkatasse Wasser
1	Mokkatasse Zucker
1	Bio-Limette, Schale
¼	Bio-Limette, Saft

CREME

2	Tassen Maiwipfel
400 g	Mascarpone
90 g	Staubzucker
1 TL	Vanille
½	Limette, Saft

1 Pkg.	Biskotten
3 TL	Maiwipfel

ZUBEREITUNG

Sirup: Zucker und Wasser in einem kleinen Topf aufkochen. Abdrehen. Von der Limette nur die äußere grüne Schale ganz dünn abschälen und mit dem Limettensaft dazugeben. Abkühlen lassen.

Creme: Die Maiwipfel zusammen mit einer möglichst geringen Menge eiskaltem Wasser pürieren. Mit den restlichen Zutaten für die Creme verrühren. Mit Zucker und Limette abschmecken.

Fertigstellen: Maiwipfel hacken. In eine eckige Form zuerst eine Schicht Creme geben, dann eine dünne Schicht gehackte Maiwipfel. Limettenschale aus dem Sirup entfernen. Biskotten kurz in den Sirup tauchen und nebeneinander auf die Creme legen. Mit einer Schicht Creme und einer dünnen Schicht gehackter Maiwipfel bedecken.
Noch eine Lage in Sirup getauchte Biskotten daraufgeben und mit einer Schicht Creme abschließen. Obenauf mit dem Rest der gehackten Maiwipfel bestreuen.

Wer es als Einstieg gerne ein wenig neutraler hätte, streut keine Maiwipfel zwischen die einzelnen Schichten, sondern beschränkt sich auf eine dünne Schicht obenauf.

Tiramisu

Ein Spaziergang irgendwo im Süden – plötzlich ein Duft, verführerisch, betörend, irgendwie vertraut, und doch auch wieder nicht. Er weht mir von irgendwoher in die Nase und verflüchtigt sich wieder – was ist das nur?

Und dann entdecke ich ihn: den Feigenbaum, der da vor sich hin duftet und lockt und Genuss verspricht, wenn man eine reife Frucht entdeckt. So eine Feige direkt vom Baum schmeckt ganz unvergleichlich. Und doch, da war noch etwas ... der Duft, den ich in der Frucht nicht ganz wiederfinden konnte. Wo war nur dieses Aroma, das ich gerade noch in der Nase hatte?

Eines Tages erntete ich bei einer solchen Gelegenheit nicht nur die Feige, sondern auch ein Blatt – und da war das Aroma, endlich!

Eine Feige darf nicht allzu reif sein und sollte von einem naturbelassenen Baum kommen. Ich bin immer enttäuscht, wenn ich mich dazu überreden lasse, eine der geradezu abartig großen Früchte zu probieren, die auf den Märkten mit den Worten „ganz süß" angepriesen werden.

Es stimmt, diese Feigen sind süß, aber sie sind nur süß und lassen beinahe sämtliche ihrer typischen Aromen vermissen. Offensichtlich verlieren die Früchte im hochgezüchteten Zustand leider das, was sie so einzigartig macht.

Die Erinnerung an mein Feigenblatt-Geruchserlebnis ließ mich nicht los und ich begann zu recherchieren: Wären denn Feigenblätter überhaupt essbar? Vielleicht ist es ja wie bei Zitronen- oder Limettenblättern, die ganz besondere Aromabomben und durchaus genießbar sind?

Kurz und gut: Es funktioniert! Auch die Blätter des Feigenbaums sind durchaus in der Küche zu verwenden und bergen ein unerwartetes Potenzial. Einzig ihr klebriger, milchig-weißer Saft kann bei manchen Personen die Haut reizen; es empfiehlt sich daher eventuell Handschuhe anzuziehen, wenn Sie Ihre Feigenblätter „erjagen" – denn das muss man oft – wer hat schon einen Feigenbaum vor der Tür?

Verlieren Sie nicht den Mut, es gibt durchaus Möglichkeiten, an die Blätter heranzukommen.

Woher also?

Am besten ist es, Feigenblätter auf einer Reise zu pflücken oder Freunde zu bitten, welche mitzubringen. Schon im April gibt es in Italien, selbst im Norden, volles Laub auf den Feigenbäumen. Es genügt ein Plastikbeutel, in dem man die mit den Stängeln gepflückten Blätter aufbewahrt und transportiert.

Feigenbäume wachsen aber durchaus ebenso in den wärmeren Gebieten Österreichs, speziell im Burgenland. Eventuell hat man Glück und entdeckt, dass im Freundeskreis jemand einen Feigenbaum besitzt.

Zunehmend gibt es auch Bio-Gärtnereien, die Feigenbäume ziehen. Dort kann man nach Blättern fragen, die verkauft oder verschenkt werden. Und letzten Endes kann man sich selbst ein Feigenbäumchen zulegen, so man über einen Balkon, eine Terrasse oder einen Garten verfügt. Es gibt viele Sorten, die bis zu –20°C winterhart sind! So einen kleinen Baum muss man gut hegen und pflegen und ihm keine Blätter wegnehmen, bis er zumindest 5 bis 6 Jahre alt ist. Sind die Blätter außerdem zu jung, haben sie meist kaum oder wenig Aroma.

Blätter können zu fast allen Jahreszeiten gesammelt werden, im Herbst verlieren sie in den heißen Ländern jedoch langsam an Aroma und werden ledrig. Nehmen Sie am besten das zweite oder dritte Blatt nach der Triebspitze. Große, alte Blätter sind weniger gut geeignet.

Achtung: Es gibt vereinzelt Bäume, deren Blätter bitter sind. Man sollte also an Ort und Stelle ein kleines Stück kosten, ehe man zu pflücken beginnt. Sollte es bereits zu spät sein und Sie sind mit einem Sack bitterer Blätter zuhause angekommen, müssen Sie diese vor der weiteren Verwendung entbittern.

Zu diesem Zweck legt man die Blätter für einige Tage in eine gesättigte Salzlösung (100 g Salz auf 1 Liter Wasser; Lake täglich wechseln) und kostet immer wieder. Anschließend gut abspülen und wie im Rezept beschrieben verwenden.

Und wie aufbewahren?
Die Blätter werden gut abgespült, abgetrocknet und im Plastikbeutel in den Kühlschrank, am besten ins Gemüsefach, gegeben. Eine geringe Restfeuchtigkeit auf den Blättern ist sogar positiv, die Blätter bleiben im Kühlschrank mindestens 1 Woche frisch.
Die Blätter, die bis dahin nicht verwendet worden sind, frieren Sie am besten ein. Dazu sollten die Blätter gut abgetrocknet sein, einzeln in Frischhaltefolie verpackt und in einem Gefrierbeutel verstaut werden. Sie eignen sich perfekt, um rasch frisches Feigenblattöl oder Feigenblattbutterschmalz herzustellen. Das ist deshalb wichtig, weil Öl- und Butterzubereitungen nicht lange genug frisch bleiben, um einen Jahresvorrat anzulegen. Sie verlieren bald an Aroma und können leicht ranzig werden.

Und weiter?
Das Feigenblattaroma löst sich sehr gut in Säure, eine Verarbeitung mit Essig bietet sich daher besonders an. Aber auch Fett kann die Essenz gut transportieren – also wird Öl und Butter angesetzt. Für alles Süße ist Sirup praktisch und für Süßsaures eignet sich ein Konzentrat aus Weißwein oder Fruchtsaft.

In allen Rezepten für die Basiszubereitungen werden meist 5 Feigenblätter als Mengenangabe genannt, es spricht aber nichts gegen mehr Blätter, wenn der Geschmack intensiver werden soll. Tiefgefrorene Blätter können ebenfalls verwendet werden und erzielen sehr gute Ergebnisse.
Auch die Ziehzeiten sind Richtwerte. In Essig oder Öl kann man die Blätter wochenlang einlegen, ist man allerdings ungeduldig, hackt man die Blätter klein und bereits nach einigen Stunden Ziehzeit lässt sich deutlich das Aroma wahrnehmen. Experimentieren Sie einfach selbst!

Noch etwas zu frischen Blättern: Beinahe alles – Fisch, Fleisch oder Frucht – lässt sich in Feigenblätter gewickelt schmoren. Die Blätter werden nicht gegessen, sie sind zu hart. Den meisten Geschmack erhält man in der entstehenden Sauce.

Gebräuntes Feigenblattbutterschmalz

Butterschmalz wird von mir sehr oft verwendet, weil es ein einzigartiges, leicht karamelliges Aroma hat und sich wunderbar als Geschmacksträger eignet. Es ist wirklich keine Hexerei, Butterschmalz selbst herzustellen und lohnt sich allemal, denn es schmeckt so viel besser als gekauftes. Je hochwertiger die Basis, desto besser das Endprodukt.

ZUTATEN

500 g	Butter, am besten Sauerrahmbutter
2–3 EL	Olivenöl (optional)
¼ TL	Salz
5	Feigenblätter, mittelgroß

ZUBEREITUNG

Folgen Sie den Anweisungen für die Grundzubereitung von Butterschmalz (S. 14). Für die Weiterverarbeitung zu Feigenblattbutterschmalz gehen Sie folgendermaßen vor:

Das Butterschmalz 10 bis 15 Minuten auf eine Temperatur von ca. 60 °C abkühlen lassen (Prüfen Sie vorsichtig mit einem Finger – Sie können die Temperatur dann gut aushalten).

Feigenblätter in kleine Stücke reißen oder schneiden.
Salz und Olivenöl in das Butterschmalz rühren und die Feigenblätter hinzufügen. Das Salz ist wichtig für die Geschmacksintensität. Das Olivenöl muss nicht sein, es macht das Schmalz nur streichfähiger und macht vor allem nur Sinn, wenn es ein absolut erstklassiges Öl ist, denn sonst verderben Sie sich den Geschmack der gesamten Butter damit (mehr zum Thema Olivenöl auf Seite 10).

Mindestens 1 bis 2 Stunden ziehen lassen.

Anschließend erneut erwärmen, bis das Schmalz beginnt, wieder dünnflüssiger zu werden und durch ein kleines Sieb oder frische Teefilter in die vorbereiteten Gläser oder kleine Tiefkühlbehälter abfüllen. Abkühlen lassen, dicht verschließen und gekühlt aufbewahren.
Wichtig: Die Feigenblätter langsam abtropfen lassen und nicht ausdrücken, da sie sonst unerwünschte Bitterstoffe abgeben.

Aufbewahrung: Dieses Butterschmalz hält sich im Kühlschrank 1 bis 2 Monate. Ähnlich wie beim Feigenblattöl (S. 64) empfehle ich aber, aus tiefgekühlten Blättern öfter frisches Butterschmalz herzustellen oder das fertige Schmalz portionsweise einzufrieren..

Die Butterschmalzreste, die nach dem Abseihen auf den Feigenblättern haften bleiben, übergießt man in einer Schüssel mit etwas Balsamico bianco. Einmal durchrühren, nochmals abseihen und schon haben Sie eine Portion Vinaigrette für Gemüse oder Salat.
Das Feigenblattbutterschmalz lässt sich neben den hier angeführten Rezepten noch für eine Reihe anderer Zwecke verwenden: Simpel und gut – auf knusprigem Weißbrot, eingerührt in Kartoffelpüree, über Pasta geträufelt oder um Risotto einen unverwechselbaren Charakter zu verleihen.
Achtung: Das Aroma verträgt keine Hitze. Daher das Butterschmalz in den Gerichten immer erst zum Abschluss hinzufügen und nicht mehr kochen.

Feigenblattessig

Dieser Essig verleiht mit seinem charakteristischen Aroma vielen Gerichten eine elegante Note. Am effektivsten wird er mit Feigenblattöl kombiniert.

ZUTATEN

500 ml Condimento Balsamico bianco
5 Feigenblätter, mittelgroß (gerne auch mehr)

ZUBEREITUNG

Die Blätter klein schneiden und mit dem Essig in ein Schraubdeckelglas füllen. Einige Tage ziehen lassen und dann in eine Flasche abseihen.
Wichtig: Der Geschmack entfaltet sich nur in einem sehr milden, zarten Essig. Ich verwende daher Balsamico bianco. Wenn der Essig zu scharf ist, verdünnen Sie ihn vorher ein wenig mit Wasser, Apfel- oder Traubensaft.

Es geht allerdings auch schneller: Bereits nach ein paar Stunden kann man das Feigenblattaroma herausschmecken. Sie können in Ihrem Feriendomizil im Süden also am ersten Tag Feigenblattessig ansetzen und diesen schon am zweiten Tag verwenden!

Feigenblattöl

Dieses Öl war mein erster Versuch, den Feigenblättern ihr Aroma zu entlocken und gleich ein Erfolg. Doch ich musste auch erkennen: Es gibt Bäume, deren Blätter bitter sein können, deswegen sollte man wirklich immer beim Sammeln kosten. Außerdem verliert das Feigenblattöl nach einiger Zeit an Aroma und sollte nicht länger als 2 bis 3 Wochen aufbewahrt werden. Viel empfehlenswerter ist es, Blätter einzufrieren und immer wieder frisches Öl herzustellen!

ZUTATEN

500 ml Olivenöl, extra vergine „delicato" (mehr zum Thema Olivenöl S. 10)
5 Feigenblätter, mittelgroß

ZUBEREITUNG

Die gewaschenen, gut abgetrockneten Blätter klein schneiden. Öl in einen Kochtopf geben und langsam auf etwa 50 °C erwärmen (auf keinen Fall heißer werden lassen!). Die Feigenblätter dazugeben und mindestens 2 bis 3 Stunden, durchaus aber auch länger, ziehen lassen. Erneut etwas erwärmen, damit das Öl dünnflüssiger wird, durch ein feines Sieb abseihen und in eine dunkle Flasche füllen. Dabei die Blätter nicht ausdrücken, sondern nur geduldig abtropfen lassen. Die Blätter können auch weiterverwendet werden, zum Beispiel um eine Wachtel oder ein Huhn damit zu füllen.

Alternativ kann Traubenkernöl oder Rapsöl in guter Qualität (kaltgepresst) verwendet werden. Wichtig ist nur, dass das Öl selbst keinen zu starken Eigengeschmack besitzt. Ich bevorzuge meist Olivenöl, wobei auch hier darauf geachtet werden muss, dass es relativ wenig Bitterstoffe und Schärfe besitzt. Diese Olivenöle werden als „delicato" bezeichnet. Für Blätter aus dem Tiefkühler gilt die gleiche Zubereitungsweise. Man kann das Öl auch einige Tage länger stehen lassen, bevor man es abgießt.

Sirup
Öl
Butter
Essig
Feigenblatt

Feigenblattsirup

Sirup ist für die Süßspeisen in diesem Kapitel ein wichtige Zutat. Aber auch in einer Feigenblattvinaigrette kommt er gut zur Geltung. An dieser Stelle folgt das klassische Rezept mit Zucker zu Wasser im Verhältnis 1:1 für einen haltbaren Sirup. Wenn Sie aber nur die in einem Rezept benötigte Menge Sirup (aus frischen oder ohne weiteres aus tiefgefrorenen Feigenblättern) herstellen wollen, genügt auch die halbe Menge Zucker.

ZUTATEN

250 ml Wasser
250 g Zucker
½ Zitrone, Saft und Schale
5 mittelgroße Feigenblätter

ZUBEREITUNG

Wasser und Zucker aufkochen, Zitronensaft und Schale dazugeben. Abkühlen lassen.
Feigenblätter (frisch oder tiefgekühlt) in Stücke reißen, hinzufügen und mindestens 1 bis 2 Stunden ziehen lassen, besser jedoch etwa 24 Stunden. Anschließend abseihen. Die Blätter nicht ausdrücken, weil sonst Bitterstoffe freigesetzt werden können.
In saubere, sterilisierte Schraubdeckelgläser oder Flaschen füllen und gekühlt aufbewahren.
Dazu Gläser und Deckel in den Backofen legen, auf 140 °C aufheizen und für mindestens 10 Minuten im heißen Ofen lassen.

Feigenblattlikör

Das Aroma dieses Likörs ist ebenso intensiv wie seine aufsehenerregende grüne Farbe. Als Digestif oder Dessert ist er, ob mit oder ohne Keksen, ein kulinarisch umwerfender Abschluss eines Dinners.

ZUTATEN

750 ml Alkohol (96 %)
5–7 mittelgroße Feigenblätter
1 Zitrone, Schale dünn abgeschält

1½ Liter Wasser
250 g Zucker

ZUBEREITUNG

Blätter in kleine Stücke reißen oder schneiden und zusammen mit der Zitronenschale und dem Alkohol in ein großes Glas mit Schraubdeckel füllen. 2 bis 5 Tage stehen lassen.

Wasser mit Zucker in einem Kochtopf mit mindestens 3 Litern Fassungsvermögen erwärmen, bis sich der Zucker aufgelöst hat.
Den Blätter-Alkohol-Ansatz durch ein feines Sieb dazugießen. Zur Gänze abkühlen lassen, in saubere Flaschen abfüllen und verschließen.

Kühl und dunkel aufbewahren.

Farbe und Aroma bleiben nicht sehr lange so frisch erhalten – also schnell austrinken!

Eisbergsalat mit Wassermelone und Feigenblattdip

Früher stufte ich Eisbergsalat und Wassermelone als eher langweilig ein. In letzter Zeit bin ich jedoch zunehmend begeistert von der unverwüstlichen Knackigkeit des Eisbergsalats und der anpassungsfähigen Sanftheit und knallroten Schönheit der Melone. Zusammen mit dem Feigenblattaroma des Dips und zur richtigen Gelegenheit – etwa einem Picknick – sind die beiden wirklich ein Hit!

ZUTATEN

1 kleiner Eisbergsalat
¼ einer kleinen Wassermelone
2 EL Feigenblattessig (S. 64)
4–5 EL Feigenblattöl (S. 64)
Salz
Pfeffer

ZUBEREITUNG

Den Eisbergsalat halbieren und in 12 Spalten schneiden. Sollten Sie nur ein größeres Exemplar bekommen haben, verwenden Sie nur den halben Salat und teilen Sie die Spalten einmal quer.

Die Wassermelone ebenfalls zuerst in große Spalten teilen, die Kerne entfernen und quer in große dreieckige Stücke schneiden. Schale am besten dran lassen, das ist schöner anzusehen und auch praktischer, da ohnehin mit den Fingern gegessen wird.
In einem kleinen Schraubdeckelglas Essig, Öl, Salz und Pfeffer kräftig verschütteln und eventuell mit etwas Feigenblattsirup (S. 66) oder einer kleinen Prise Zucker süßen.

Salat ohne Dressing portionsweise in Rex-Gläser füllen, verschließen und in die Kühlbox stellen. Den Dip im Schraubdeckelglas ebenso.

Auf Ihrer Lieblingswiese angekommen wird der Dip nochmals kräftig geschüttelt und direkt in die Salatgläser aufgeteilt. Frischer, aromatischer und knackiger kann ein Picknicksalat nicht sein!

Zusammen mit **Avocado-Crostini** wird der Salat zu einem leichten Sommermittagessen. Dazu **1 reife Avocado** mit der Gabel zerdrücken, mit **1 TL Feigenblattessig**, etwas **Salz** und **Pfeffer** mischen und auf **getoasteten Baguettescheiben** verteilen.

Ricottatörtchen mit gerösteten Tomaten

Diese schnell gebackenen Törtchen sind völlig unkompliziert zuzubereiten und passen für fast alle Gelegenheiten. Wenn Sie keinen Ricotta bekommen können, greifen Sie auf Ziegen- oder Schaffrischkäse mit hohem Fettgehalt zurück. Der lauwarme Salat aus gebratenen Tomaten lässt das Feigenblattöl besonders gut zur Geltung kommen.

ZUTATEN

	TÖRTCHEN
200 g	Ricotta
2	Eier
2 EL	Kartoffel- oder Maisstärke
	Salz, Pfeffer
	TOMATEN
6	mittelgroße Tomaten oder 16–20 Cocktailtomaten
	Olivenöl zum Rösten
3 EL	Feigenblattöl (S. 64)
2 EL	Feigenblattessig (S. 64)
	Salz, Pfeffer

ZUBEREITUNG

Törtchen: Ofen auf 200 °C vorheizen.

Eier trennen. Eiklar zu steifem Schnee schlagen.
Ricotta mit Eidotter, Pfeffer und Salz glatt rühren.
Schnee und Stärke unterheben.

Die Masse in vier gebutterte und gemehlte Förmchen füllen und 15 Minuten backen. Temperatur auf 180 °C reduzieren und ca. 5 bis 10 Minuten weiterbacken, bis die Törtchen schön aufgegangen und goldbraun sind. Etwas abkühlen lassen und aus den Formen stürzen.

Tomaten: Die großen Tomaten in dicke Scheiben schneiden. Cocktailtomaten werden nur halbiert oder geviertelt.
Eine beschichtete Pfanne sehr heiß werden lassen, Olivenöl hineingeben und die Tomaten darin kurz rösten. Auf einem Brett in grobe Stücke schneiden, mit Feigenblattöl, -essig, Salz und Pfeffer vorsichtig mischen und anrichten.

Lauwarm servieren.

Wenn es schnell gehen soll, geben Sie, ohne Schnee zu schlagen, alle Zutaten in einen hohen Becher und mixen Sie die Masse einfach mit dem Pürierstab. Als Kräuter können sie ein paar Estragonblättchen, Basilikum oder eine sehr zarte Minze (z.B. Feigenminze) nehmen. Auch Kerbel ist eine gute Wahl – achten Sie aber darauf, von allen Kräutern nur wenig zu nehmen, weil diese sonst zu sehr mit dem Feigenblattaroma konkurrieren.

Hühnerleberterrine mit Estragon und Feigenblattgelee

Diese Terrine ist ein Klassiker bei unseren Familienfesten und hat schon bei vielen Menschen, die sich sonst lieber von Leber fernhalten, großen Anklang gefunden. Das liegt möglicherweise an der butterigen Konsistenz, dem raffinierten Aroma des Estragons und des Flambierens. Obwohl auch die zu diesem Gericht traditionellen Preiselbeeren köstlich sind, erhält die Terrine durch das Feigenblattgelee eine ganz besondere Note. Für das Gelee wird zuerst ein Feigenblattwein hergestellt. Dann müssen die Feigen kurz blanchiert werden, da sie sonst das Gelieren verhindern. Gibt es gerade keine frischen Feigen, ist das pure Gelee ebenso gut.

Die Mengenangaben sind für 8 Personen berechnet. Dieses Rezept wird am besten schon am Vortag zubereitet.

ZUTATEN

	FEIGENBLATTGELEE
750 ml	säurearmer Weißwein (Muskat-Ottonel, Chardonnay …), alternativ auch ein leicht süßlicher Wein oder Traubensaft
3 EL	Zucker
4–5	Feigenblätter
4 Blatt	Gelatine
8	kleine Feigen, der Länge nach geachtelt
	TERRINE
2 EL	Estragon, getrocknet
	Condimento Balsamico bianco
4 EL	Butter
2	Knoblauchzehen, fein gehackt
500 g	Bio-Hühnerleber
2 EL	Cognac
120 ml	Weißwein
1 TL	Salz
½ TL	schwarzer Pfeffer, frisch gemahlen
	Muskatnuss, frisch gerieben
200 g	Frischkäse (Vollfett)

ZUBEREITUNG

Feigenblattgelee: Wein und Zucker auf ca. 400 ml Sirup reduzieren, das dauert ungefähr 30 Minuten. Dann 10 bis 15 Minuten auf ca. 60 °C abkühlen lassen.
Die in Stücke gerissenen Feigenblätter in den Sud geben und ungefähr eine Stunde ziehen lassen.
Die Gelatine in kaltem Wasser einweichen.
Die Feigenstücke in kochendem Wasser 20 Sekunden blanchieren, danach sofort in kaltem Wasser abschrecken und trocken tupfen.
Sirup abseihen und nochmals erhitzen, die Gelatine darin auflösen.
Feigenstücke in ein Rex-Glas oder mehrere kleine Förmchen schichten und den Sirup darauf gießen. Erkalten lassen und für mindestens 4 Stunden in den Kühlschrank stellen.

Terrine: Den Estragon mit Balsamico bianco bedecken und mindestens 1 Stunde, besser noch länger, ziehen lassen.
Knoblauch bei mittlerer Hitze in der Butter leicht anschwitzen. Die Hitze etwas erhöhen, die Hühnerleber dazugeben und weiterschmoren, bis die Leberstücke innen rosa sind.
Cognac über die Leber gießen und vorsichtig anzünden. Die Pfanne immer wieder rütteln – wenn die Flammen erloschen sind, Leber herausnehmen und beiseitestellen.
Den in der Pfanne entstandenen Fond aufkochen, die Estragonblätter aus dem Essig nehmen (dieser kann anderweitig oder für den nächsten Estragon weiterverwendet werden), abtropfen und mit dem Weißwein in die Pfanne geben. Flüssigkeit bis auf etwa 4 Esslöffel reduzieren. Abkühlen lassen.
Zusammen mit der Leber, Salz, Pfeffer, etwas Muskat und Frischkäse in der Küchenmaschine pürieren. Die Masse nochmals abschmecken und in eine größere Terrinenform oder acht kleine Förmchen umfüllen. Vorzugsweise mindestens einen Tag durchziehen lassen.
Zusammen mit dem Feigenblattgelee und gutem, krustigen Brot servieren.

Soll die Terrine länger haltbar sein oder besonders appetitlich aussehen, „verschließt" man sie entweder mit flüssigem Butterschmalz oder mit einer Schicht Gelee (etwa Feigenblatt- oder Portweingelee). Die Lebermasse sollte jedoch vorher komplett auskühlen. Der Frischkäse kann durch Butter oder Butterschmalz ersetzt werden. Das Feigenblattgelee harmoniert auch gut mit Käse. Wer will, kann es in kleine Würfel geschnitten, mit einer Feigenblatt-vinaigrette (S. 70) auf Tomaten, einem Kohlrabicarpaccio (S. 46) oder einem Salat aus jungen Erbsen servieren.

Sobanudeln mit Pilzen und Feigenblattöl

Soba sind Buchweizennudeln, die man für gewöhnlich in einem gutsortierten Biogeschäft oder im Asialaden zu kaufen bekommt. Die Pilze in diesem Rezept harmonieren sehr gut mit der Sanftheit des Feigenblattöls, während die Tomaten den fruchtigen Part übernehmen. Durch das Trocknen im Ofen wird das Aroma der Tomaten konzentriert und ihre Süße hervorgehoben. Bei den Pilzen variieren Sie am besten je nach Saison und Gusto. Dieses Gericht ist einfach vorzubereiten und eignet sich perfekt als sommerliches „Comfortfood".

Die angegebene Menge reicht für vier Vorspeisen oder für zwei kleine Portionen.
Um 4 hungrige Personen glücklich zu machen, müssen Sie die Mengen verdoppeln.

ZUTATEN

15–20	Datteltomaten
1 TL	Staubzucker
	Salz
4	kleine Steinpilze (oder 8 Steinchampignons oder 2 Kräuterseitlinge)
1 EL	Feigenblattöl (S. 64)
	Salz
200 g	Sobanudeln

VINAIGRETTE

2 EL	Feigenblattöl
2–3 TL	Feigenblattessig (S. 64)
¼ TL	Salz
2 EL	Pistazien, gehackt

ZUBEREITUNG

Ofen auf 100°C vorheizen.

Die Datteltomaten halbieren, mit der Schnittfläche nach oben auf ein mit Backpapier ausgelegtes Blech legen, mit dem Staubzucker bestäuben und salzen. Im Ofen etwa 2 Stunden trocknen. Die Ofentüre dabei mit einem Holzlöffel einen Spalt offenhalten.
Die Pilze in dünne Scheiben schneiden und ohne Fett in einer beschichteten Pfanne rösten, herausnehmen und auf ein Brett geben. Mit 1 EL Feigenblattöl beträufeln, salzen und etwas abkühlen lassen. Dann in dünne Stifte schneiden.

Für die Vinaigrette alle Zutaten mischen.

Soba nach Packungsanweisung kochen und gründlich unter kaltem, fließendem Wasser abspülen. Rasch mit der Vinaigrette, den Pilzen und den Tomaten mischen und bei Bedarf mit Öl, Essig und Salz nachwürzen, mit den Pistazien bestreuen.
Dieses Gericht kann lauwarm oder kalt gegessen werden.

Statt der Sobanudeln können Sie auch normale Pasta verwenden.
Wenn Sie Gluten vermeiden wollen, lesen Sie das Kleingedruckte auf der Packung. Reine Buchweizen-Sobanudeln sind selten und teuer, die meisten Produkte sind mit Weizenmehl gemischt.
Sehr gut sind als glutenfreie Alternative schwarze Reisnudeln, sowohl geschmacklich als auch optisch (Bioladen).

Wan Tan mit Auberginen und Feigen

Wan Tan Teigblätter sind einfach großartig. Zart, aber gleichzeitig robust, sind sie fix und fertig im passenden quadratischen oder runden Format in den Tiefkühltruhen asiatischer Geschäfte zu finden. Man muss sie nur füllen und kochen und kann sie im Anschluss als Ravioli, Gyoza oder Wan Tan servieren.

ZUTATEN

- 1 mittelgroße Aubergine
- 2 Knoblauchzehen, ungeschält

- 1 EL Kristallzucker
- 1 EL Condimento Balsamico bianco

- 2 Feigen, klein gewürfelt
- 2 TL Tahini (Sesampaste)
- ¼ TL Salz
- Pfeffer
- Zitronensaft
- 12 Wan Tan Teigblätter, tiefgekühlt
- 1 Eiklar

- 3 EL Feigenblattbutter (S. 62)
- 3 Feigen
- Sesam, schwarz

ZUBEREITUNG

Ofen auf 220 °C vorheizen.

Aubergine mit einer Gabel rundherum mehrmals anstechen und auf einem mit Backpapier ausgelegten Blech 20 Minuten backen. Dann wenden, die Knoblauchzehen dazulegen und weitere 20 bis 30 Minuten garen.
Alles herausnehmen, Ofentemperatur auf 80 °C reduzieren. Von der Aubergine den Stil abschneiden, halbieren und abkühlen lassen. Das Fruchtfleisch mit einem Löffel aus der Schale schaben, mittelfein hacken und in ein Sieb zum Abtropfen geben.
Den Inhalt der Knoblauchzehen ebenfalls aus der Schale schaben, mit einer Gabel zerdrücken und mit den abgetropften Auberginen mischen.
In einer Pfanne den Kristallzucker karamellisieren, Auberginen dazugeben und mit Balsamico ablöschen. Abkühlen lassen.
Die gewürfelten Feigen mit Tahini, Salz, Pfeffer, den Auberginen und einigen Spritzern Zitronensaft vermengen und nach Belieben abschmecken.

Teigblätter antauen lassen, sodass man sie trennen kann und die benötigte Anzahl auf der Arbeitsfläche auslegen. Rundherum am Rand mit Eiklar bepinseln. Auf eine Hälfte ca. 1 TL Auberginenfüllung geben und diagonal zusammenklappen. Alle Luftblasen sorgfältig herausdrücken und die Ränder gut verschließen.

Wasser in einem großen Topf zum Kochen bringen.

Eine Servierplatte mit der Feigenblattbutter in den Ofen stellen.
Die Feigen längs in Achtel schneiden und zur Butter in den Ofen geben.
Immer nur 3 oder 4 Wan Tan zugleich ins Wasser geben und bei geschlossenem Deckel ziehen lassen bis sie an die Oberfläche steigen.
Mit einem Sieblöffel herausnehmen, abtropfen lassen und ebenfalls auf die Platte mit der Butter legen. Sobald alle Wan Tan gekocht sind, nach Belieben mit schwarzem Sesam bestreuen und servieren.

Die Teigblätter gibt es nur in Packungen zu mindestens 50 Stück. Man kann zwar die angebrochene Packung gut verschlossen einige Tage im Kühlschrank aufbewahren, die bessere Lösung ist aber, den ganzen Stapel nach dem Antauen in kleinere Pakete zu teilen, die nicht benötigten Teigblätter gut einzupacken, genau zu beschriften und sofort wieder in den Tiefkühler zu geben.

Lammschulter mit weißem Bohnenpüree und Feigenblattöl

Fast mühelos kommt man hier zu einem gemütlichen Abendessen für zwei, denn das Fleisch gart lange bei niederer Temperatur, unbeaufsichtigt und anspruchslos. Heraus kommt es zart und innen rosa.
Wollen mehr Personen mitessen, braucht man mehrere ausgelöste Lammschultern oder eine Lammkeule.
Die Würzung hält sich gesamt sehr im Hintergrund, denn der Star des Abends ist das Feigenblattöl.

ZUTATEN für 2 Personen

LAMM

1 kleine Lammschulter (ca. 500 g), Knochen ausgelöst

BOHNENPÜREE

1 Glas oder Dose kleine weiße Bohnen (am besten Cannellini-Bohnen)

Feigenblattöl (S. 64)

ZUBEREITUNG

Ofen auf 80 °C vorheizen und eine passende Form oder Platte ohne Deckel zum Vorwärmen hineinstellen.

Lamm: Das Fleisch salzen und pfeffern, langsam rundherum in Olivenöl anbraten. Sofern Sie ein Bratenthermometer besitzen, stecken Sie den Spieß so hinein, dass die Spitze in der Mitte der dicksten Stelle liegt.
In die vorgewärmte Form legen und in den Ofen stellen. Jetzt können Sie das Fleisch gut und gerne für 2 Stunden vergessen.

Für einen zartrosa Braten sollte das Fleisch eine Kerntemperatur von 60 bis 65 °C erreichen. Dann kann es bei maximal 68 °C Ofentemperatur warmgehalten werden, ohne weiter zu garen. Soll das Fleisch durchgebraten sein, wird eine Kerntemperatur von 70° C bis 75 °C benötigt. Diese Niedrigtemperatur-Garmethode gehört zu meinen Favoriten: stressfreies kochen, zartes rosa Fleisch, genug Zeit, um Beilagen vorzubereiten …

Bohnenpüree: Die Bohnen mitsamt der Flüssigkeit in einen Kochtopf geben und erwärmen. Die Flüssigkeit nun in ein Behältnis abgießen und beiseitestellen. Die Bohnen mit Pfeffer und Salz würzen und mit dem Stabmixer sehr fein pürieren. Bei Bedarf etwas Kochflüssigkeit oder Suppe zugeben – das Püree soll eine zarte, cremige Konsistenz bekommen.

Das Fleisch aus dem Ofen nehmen und nochmals kurz bei großer Hitze rundherum scharf anbraten. Anschließend aufschneiden.

Unmittelbar vor dem Servieren einen Esslöffel Feigenblattöl unter das Püree rühren und dieses zudem großzügig mit dem Öl beträufeln. Feigenblattöl zur Selbstbedienung auf den Tisch stellen.

Eine große Lammkeule mit oder ohne Knochen kann mit dieser Niedrigtemperaturgarmethode ohne weiteres den ganzen Tag (7 bis 8 Stunden) im 80 °C warmen Ofen verbringen. Geben Sie das Fleisch morgens in den Ofen und holen Sie es am Abend perfekt wieder heraus.
Wenn Sie keine Bohnen mögen, gibt es durchaus schmackhafte Alternativen, etwa Kohlrabi-, Kartoffel- oder Zucchinipüree.

Dolmades mit Lamm-Pignoli-Fülle und Basmati

Normalerweise werden für Dolmades Weinblätter verwendet, die selbst so gut wie keinen Eigengeschmack besitzen. Bei dieser Variante umhüllen die Feigenblätter die Lammfleischfülle und geben ihr besonderes Aroma an Fleisch und Sauce weiter.

ZUTATEN

	DOLMADES
1	Schalotte, fein gewürfelt
½	Knoblauchzehe, zerdrückt
1 EL	Butterschmalz
3	Scheiben Toastbrot, entrindet
500 g	Lammfaschiertes, nicht zu fett
	Salz
	Pfeffer
1	winzige Prise Zimt
1	Handvoll Pinienkerne
8	mittelgroße Feigenblätter
	REIS
4	Mokkatassen (ca. 280 g) Basmatireis
	Salz

ZUBEREITUNG

Ofen auf 180 °C vorheizen.

Dolmades: Schalotten und Knoblauch in Butterschmalz bei mittlerer Hitze weich schmoren. Das entrindete Toastbrot in heißem Wasser einweichen und anschließend gründlich ausdrücken.
Die Feigenblätter über heißem Wasser kurz andämpfen (zum Beispiel in einem Bambuskorb oder einfach mit einer Zange über den Kochtopf halten), bis sie biegsam sind und danach sofort in eiskaltem Wasser abschrecken.
Das Faschierte zusammen mit Brot, Schalotten, Gewürzen und Pinienkernen verkneten. Zur Probe ein kleines Stück in etwas Butter braten, um die Würzung zu überprüfen. Bei Bedarf nachwürzen.

Die Masse in 8 Stücke teilen, zu Rollen formen und in die Feigenblätter einwickeln. Mit Zahnstochern fixieren und in eine Kasserole mit Deckel legen. 150 ml Wasser oder Fond angießen, aufkochen lassen, zudecken und für 35 Minuten in den vorgeheizten Ofen stellen.

Reis: Basmatireis unter kaltem Wasser abspülen. Zusammen mit 6 Mokkatassen Wasser in einen weiten flachen Topf geben, aufkochen, Hitze auf kleine Stufe zurückdrehen und dünsten, bis das Wasser beinahe zur Gänze verdampft ist. Herd abdrehen, ein frisches gefaltetes Geschirrtuch unter den Deckel legen oder den Deckel in das Geschirrtuch einwickeln, Deckel auf den Topf setzen und den Reis so ausdampfen lassen. Vor dem Servieren mit einer Gabel auflockern und salzen.

Die Feigenblätter werden nicht mitgegessen, sie sind zu zäh.

Dies ist ein typisches „Topf-auf-den-Tisch"-Gericht; es verströmt einen köstlichen Duft, sobald man den Deckel öffnet. Den Saft entweder mit dem Reis oder mit Weißbrot auftunken.

Roquefort-Terrine mit Senffeigen

Käse und Feigen sind bekanntermaßen eine tolle Kombination. Das Feigenblattaroma potenziert diesen Effekt noch zusätzlich und die Senfkörner sorgen für dezente Schärfe.
Durch die Mischung der Käsesorten mit der Butter entsteht ein sanfter, voller Geschmack, der mit der Feige eine schöne Balance herstellt.

ZUTATEN

TERRINE

100 g	Roquefort
50 g	Butter
2 TL	Cognac
100 g	Ziegenbrie, reif
10	Walnusskerne, grob zerbröselt

SENFFEIGEN

4	kleine Feigen, geviertelt
2 EL	Feigenblattessig (S. 64)
2 EL	heller Portwein
2 EL	Feigenblattsirup (S. 66)
1 TL	schwarze Senfkörner
1 Blatt	Gelatine, eingeweicht

ZUBEREITUNG

Terrine: Alle Zutaten rechtzeitig aus dem Kühlschrank nehmen, damit sie Zimmertemperatur haben. Roquefort und Butter mit einer Gabel zerdrücken, Cognac beimengen und gründlich vermischen.
Brie entrinden und das Innere ebenfalls zerdrücken.
Eine kleine runde oder ovale Form innen befeuchten und mit Klarsichtfolie auskleiden, die Folie oben rundherum ein Stück überhängen lassen.
Die beiden Käsemassen abwechselnd in die Form füllen, dazwischen die Nüsse einstreuen und jede Schicht festdrücken.
Die Folienränder nun über die Terrine klappen und die Oberfläche glätten. Kaltstellen.

Senffeigen: Die Feigen in kochendem Wasser 20 Sekunden blanchieren, kalt abschrecken und trocken tupfen.
Feigenblattessig, Portwein und Feigenblattsirup aufkochen, die eingeweichte Gelatine ausdrücken und einrühren.
Senfkörner in eine Pfanne geben, erhitzen und trocken etwa 1 bis 2 Minuten rösten, bis sie zu springen beginnen.
Feigen und Senfkörner in ein passendes Gefäß schichten und mit der heißen Flüssigkeit übergießen. Verschließen und auskühlen lassen.

Terrine und Senffeigen etwa eine Stunde vor dem Servieren aus dem Kühlschrank holen. Die Terrine sofort aus der Form stürzen, Folie entfernen und in Portionen teilen, solange die Terrine noch kalt ist.

Mit den Senffeigen, Nüssen und eventuell zusätzlichen frischen Feigen servieren.

Stanitzel mit Zimtobers und Zucchini im Sirup

Die Stanitzel aus diesem Rezept wecken in mir kulinarische Kindheitserinnerungen – vielleicht geht es Ihnen ja genauso? Zucchini sind herrlich anpassungsfähig und müssen lange nicht immer nur salzig zubereitet werden. Auch süß und in Feigenblattsirup getränkt sind sie ein Genuss.

ZUTATEN

	ZUCCHINI
4	kleine, runde Zucchini, geviertelt oder 2 mittelgroße, lange Zucchini, in 4 cm lange Spalten geschnitten
250 ml	Feigenblattsirup (S. 66)
	STANITZEL
100 g	Mehl
2	Eiklar
100 g	Staubzucker
100 g	Butter, zerlassen
	ZIMTOBERS
200 ml	Obers
¼ TL	Vanille
¼ TL	Zimt
	Ahornsirup

ZUBEREITUNG

Zucchini: Sirup in einem kleinen Topf erhitzen und darin die Zucchini portionsweise etwa 2 bis 3 Minuten bissfest kochen. Auf einer Platte auskühlen lassen, in ein passendes Gefäß schichten, mit dem Sirup übergießen und mindestens 2 Stunden, besser aber länger, durchziehen lassen.

Stanitzel: Alle Zutaten mit dem Handmixer verrühren und anschließend für 15 Minuten in den Kühlschrank stellen.

Ofen auf 200 °C vorheizen.

Backblech leicht befeuchten und mit Backpapier auslegen. Die Masse mit einem Löffel portionieren und mit einer Palette oder Teigkarte dünne Kreise (Durchmesser 10 bis 12 cm) aufstreichen. Das geht am besten mit einer Schablone (siehe Abbildung – Idee und Ausführung des Tricks mit der Schablone stammt übrigens von meiner Freundin Gerti, die in Sachen „kleine feine Basteleien" einfach unübertroffen ist). Im Backrohr ungefähr 2 Minuten hellbraun backen.
Herausnehmen und sofort mit einer Spachtel vom Blech lösen. Noch warm mit Daumen und Zeigefinger an einem Punkt festhalten, mit der anderen Hand wie eine Spirale eindrehen.

Zum Auskühlen in ein kleines Gläschen stellen.

Zimtobers: Obers aufschlagen, Vanille und Zimt sowie Ahornsirup nach Belieben vorsichtig unterheben.

Gefüllt werden die Stanitzel erst unmittelbar vor dem Servieren.

Sollte Ihnen die Bastlerei zu aufwändig sein, können Sie den Teig auf dem Backpapier auch zu einer Platte verstreichen, backen und in Stücke brechen. Etwas weniger schön, aber genauso köstlich. Oder Sie nehmen einfach gekaufte Cantuccini, Shortbread oder belgische Butterwaffeln.

Feigenclafoutis mit Feigenblattsirup

Der Clafoutis kommt aus Frankreich, stellt ein Mittelding zwischen Obstkuchen und Pudding dar und ist im Handumdrehen gemacht. Alle Zutaten werden zusammengerührt und die Masse anschließend ins Backrohr verfrachtet.
Dann muss man nur noch geduldig warten und kann zuschauen, wie sich der Teig aufplustert. Nur nicht enttäuscht sein, wenn der Clafoutis nach dem Herausnehmen wieder zusammensinkt – das gehört dazu und sorgt für die herrlich-cremige Konsistenz.
Das Extra bei diesem Rezept ist der Sirup. Er gehört klassischerweise nicht zu einem Clafoutis, fügt aber hier erst das typische Aroma hinzu.

ZUTATEN

4	Eier
25 g	Zucker
1 Prise	Salz
1 Msp.	Vanille
75 g	Mehl (½ Tasse)
1 Dose	Kokosmilch oder je 200 ml Obers und Milch
	Butter und Zucker für die Form
500 g	frische Feigen, halbiert
ca. 6 EL	Feigenblattsirup (S. 66)

ZUBEREITUNG

Ofen auf 210°C vorheizen.

Kokosmilch etwas erwärmen, um die feste Fettschicht zu schmelzen. Dazu die geschlossene Dose umgedreht für einige Minuten in heißes Wasser stellen. Eier, Zucker, Mehl, Salz und Vanille mixen, dann langsam die Kokosmilch einrühren.
Form ausbuttern und zuckern. Feigen mit der Schnittfläche nach oben in die Form legen. Teig darübergießen. Die Form zu maximal ⅔ füllen, da die Masse stark aufgeht.

Etwa 30 Minuten backen, bis der Teig nicht mehr wabbelig ist und eine schöne goldbraune Oberfläche hat. Garprobe mit einem Holzstäbchen machen und bei Bedarf noch etwas weiterbacken.

Den Feigenblattsirup über den noch heißen Clafoutis träufeln und lauwarm servieren.

Sie können dieses Rezept ohne weiteres auch für den klassischen Kirschclafoutis nutzen, müssen aber die Zuckermenge auf 100 g erhöhen, weil hier kein Sirup verwendet wird. Am besten wird der Kirschclafoutis, wenn man die Kirschen nicht entsteint.
Der Klassiker wird mit einer 1:1 Mischung aus Milch und Schlagobers zubereitet, die Version mit Kokosmilch funktioniert aber ebenso. Ich mag Kokosmilch zum Backen sehr gerne – sie verliert im Teig den Kokosgeschmack beinahe gänzlich.

Liebstöckl

Wie konnte das nur passieren? Ein grünes Kraut mit Charakter, ein prächtiger großer Busch in den Bauerngärten, ein liebevoller Name – und dann dieses Schicksal: Als „Maggikraut" ist Liebstöckl beinahe in der Versenkung verschwunden, viele Menschen kennen ihn gar nicht oder geben maximal ein Blättchen davon in die Suppe. Zugegeben, dieses Kraut hat, wie schon gesagt, Charakter, es fügt sich nicht überall ein, sondern spielt gern die erste Geige. Aber die spielt es gut, und es hat ein Comeback deshalb mehr als verdient. Liebstöckl lässt sich ganz leicht anbauen, sowohl im Garten als auch in einem Blumentopf am Balkon. Aber Achtung: Das Kraut mag keine engen Nachbarn und wächst lieber für sich allein. Über den Winter muss der Topf ins Haus, die Pflanze braucht selten ein wenig Wasser und treibt im Frühjahr wieder aus. Alljährlich eine große Freude!

Die Eigensinnigkeit des Liebstöckls zeigt sich auch in seinen Konservierungsmöglichkeiten: Getrocknet ein trauriger, geschmackloser Ersatz, im Ölbad nur eine zarte Entfaltung des Potenzials. Bei mir wandert Liebstöckl daher meist in den Tiefkühler, dort hält sich das Aroma ziemlich unverändert. Am besten noch tiefgefroren zerkleinern und den Speisen zufügen, denn schon einige Sekunden später ist der Liebstöckl lasch und wässrig. Für viele Gerichte – etwa das Dunstkoch, die Calamaretti oder den salzigen Liebstöcklkuchen – spielt es keine Rolle, wenn das Kraut aus dem Tiefkühler kommt und nicht mehr ganz ansehnlich ist – sein Aroma entfaltet der Liebstöckl trotzdem bereitwillig und großzügig.

Mein Ratschlag für eine möglichst lange Liebstöcklsaison ist der Eigenanbau. Eine oder besser gleich mehrere Pflanzen versorgen die Küche vom Frühjahr bis in den Herbst mit dem frischen Kraut, denn auf den Märkten ist Liebstöckl leider nach wie vor nicht einfach zu bekommen.

Auch süß ein Genuss
Liebstöckl kann auch anders! Die Salz- und Suppenriege wird nicht aus dem Staunen kommen über die Harmonie, mit der Liebstöckl und Zucker sich verbinden.
Ich muss zugeben, darauf wäre ich auch nicht so einfach gekommen, wenn ich nicht zufällig Bekanntschaft mit Liebstöckllikör gemacht hätte.

Für **Liebstöcklsirup** erwärmen Sie 200 g Zucker mit 125 ml Wasser, bis sich der Zucker aufgelöst hat. Dann geben Sie den Saft von ½ Zitrone und 1 Bund kleingeschnittenen Liebstöckl dazu.
2 Stunden ziehenlassen, durchseihen, abfüllen und gut verschlossen kühl lagern.

Aus dem Sirup kann man Gelée machen und dieses zu Käse essen, oder man legt Zucchini oder Kürbis nach dem Rezept für Zucchini im Feigenblattsirup (S. 84) ein.

Bresaolaröllchen mit frischem Ziegenkäse, Spinat und Liebstöckl

Bresaola ist luftgetrockneter Rinderschinken, der in Italien meist mit Olivenöl, Zitrone, Parmesan und Rucola serviert wird. Ein perfekt sommerliches Mittagessen.
Hier habe ich ein bisschen gebastelt: frischer Ziegenkäse wird mit gehacktem Liebstöckl vermischt und in die hauchdünnen Schinkenscheiben eingerollt. Als knackige Zwischenschicht habe ich ein Spinatblatt dazwischengelegt und mit einem Schnittauchhalm alles sicher verschnürt.

ZUTATEN

ergibt ca. 16 Röllchen

1 Bund	Liebstöckl
250 g	Ziegenfrischkäse
	Salz
	Pfeffer
16	große oder 32 kleine Spinatblätter
	Olivenöl
100 g	Bresaola in hauchdünnen Scheiben
16	Schnittlauchhalme

ZUBEREITUNG

Liebstöcklblätter abzupfen und mittelfein hacken. Mit dem Ziegenkäse, Pfeffer aus der Mühle und Salz vermischen.

Die Spinatblätter im Olivenöl wenden.

Bresaolascheiben auf einer Arbeitsfläche nach und nach ausbreiten. Je nach Größe 1 bis 2 Spinatblätter auf den Schinken legen, dass sie auf einer Seite ein wenig überstehen. Etwas Ziegenkäse darauf geben, einrollen und mit einem Schnittlauchhalm zubinden.

Keine Zeit oder keine Lust auf die Handarbeit? Dann einfach die Bresaola auf Teller verteilen, Spinatblätter darauf verteilen, mit Olivenöl und etwas Zitrone beträufeln und einen Klacks Ziegenfrischkäse in die Mitte – fertig!

Eine Art Waldorf mit Haselnüssen, Trauben und Linsen

Die Assoziation mit Waldorfsalat stammt von der Sellerie, dem Apfel und den Nüssen. Das Ergebnis ist aber ein vollständig anderes, leichteres, wohl auch, weil das Rezept ohne Mayonnaise auskommt.
Die Haselnüsse haben sich mit dem Liebstöckl gefunden, Trauben und Linsen bringen Sanftheit und Ausgleich zu den starken Aromen.
Das Gericht ist als Vorspeise gedacht, kann aber auch als Beilage dienen oder als leichtes Abendessen, vielleicht mit einem gegrillten Ziegenkäse?

ZUTATEN

100 g	Haselnusskerne
1	Mokkatasse schwarze Linsen
2	Stangen Sellerie
1	kleiner Brokkoli
2–3	Schwarzkohlblätter
1	kleiner Apfel
etwas	Zitronensaft
1	Handvoll Trauben, kernlos, rot und weiß
1 Bund	Liebstöckl, Blätter abgezupft

VINAIGRETTE

	Salz
	Pfeffer
3 EL	Haselnussöl
1 EL	Condimento Balsamico bianco
	extra Haselnussöl

ZUBEREITUNG

Ofen auf 160 °C vorheizen.

Die Haselnüsse auf einem Blech verteilen und für ca. 15 Minuten im Ofen rösten, zwischendurch einmal wenden. Herausnehmen, in ein sauberes Geschirrtuch geben und die braune Haut abrubbeln. Dann mit dem Messer halbieren oder in einen Tiefkühlbeutel füllen und vorsichtig mit einem Glas in große Stücke klopfen.

Die Linsen mit kaltem Wasser bedecken und in ungefähr 20 Minuten gar kochen. Dann erst salzen und pfeffern.

Vom Stangensellerie, wenn nötig, die Fäden abziehen, schräg in 0,5 cm breite Stücke schneiden und das Selleriegrün in Blättchen zupfen.
Brokkoli in kleine Röschen zerteilen und 2 Minuten in kochendem Wasser mit einer Messerspitze Natron blanchieren, in eiskaltem Wasser abschrecken und gut abtropfen lassen. Wenn nötig, in noch kleinere Stücke teilen.
Trauben halbieren.
Apfel in Stifte schneiden und rasch mit Zitronensaft beträufeln.
Von den Schwarzkohlblättern die unteren harten Teile der Rippen entfernen und den Kohl quer in feine Streifen schneiden.

Alle Zutaten für die Vinaigrette in einem Schraubdeckelglas gut zusammenschütteln, in einer Salatschüssel mit allen anderen Zutaten mischen und mit den gerösteten Haselnüssen bestreuen.

Erst bei Tisch mit zusätzlichem Haselnussöl beträufeln.

Schwarzkohl ist nicht immer leicht zu bekommen, am ehesten in Bioläden. Je nach Jahreszeit können Sie den Schwarzkohl zum Beispiel gegen Chicorée oder Radicchio austauschen. Auch normale Kohlblätter können verwendet werden, man muss sie nur fein genug hacken.

Salziger Liebstöcklkuchen

Als Mittelding zwischen Brot und Kuchen trägt dieser Liebstöcklkuchen in unserer Familie auch den Künstlernamen „Bruchen" und ist zum Aperitif unheimlich beliebt. Man muss nur aufpassen, dass noch für das Abendessen Platz bleibt.

ZUTATEN

ergibt eine Kastenform

3	Eier
200 ml	Weißwein (wenn möglich Muskat-Ottonel)
150 ml	Olivenöl
300 g	Mehl
1 Pkg.	Backpulver
½ TL	Salz
150 g	Salami, klein gewürfelt
1 Bund	Liebstöckl, grob gehackt

ZUBEREITUNG

Ofen auf 170 °C vorheizen.

Weißwein 2 bis 3 Minuten kochen, dann abkühlen lassen.
Den Wein mit Eiern und Olivenöl mixen. Mehl, Salz und Backpulver vermischen, dazugeben und zu einem glatten Teig verrühren.
Salami und Liebstöckl mit einem Kochlöffel unterheben.
Die Masse in eine gefettete und gemehlte Form füllen und ca. 45 Minuten goldbraun backen, in kleineren Formen verkürzt sich die Backzeit entsprechend.

Am besten lauwarm servieren.

Das Urrezept für dieses herzhafte Gebäck kommt aus Frankreich und wird mit je **150 g grünen Oliven**, **Speckwürfeln** und **geriebenem Käse** zubereitet – auch immer ein Renner!

Für eine glutenfreie Variante empfehle ich, statt der genannten Mehlmenge **150 g gekochte Kartoffeln, 50 g Maismehl** und **100 g glutenfreie Mehlmischung** zu substituieren.

Liebstöcklgnocchi

Eigentlich dachte ich ja, dass ich Gnocchi nur mit Butter und knusprigem Salbei mag, doch dann hat sich der Liebstöckl in die Küche eingeschlichen. Es war den Versuch wert! Alle wollten nur noch die Liebstöcklvariante!

ZUTATEN

500 g	speckige oder festkochende Kartoffeln
1	Ei
¾ TL	Salz
50 g	Kartoffelstärke
30 g	Mehl oder glutenfreies Mehl
15 g	feiner Polentagrieß
1 Bund	Liebstöckl, Blätter sehr fein gehackt
4 EL	Butter
100 g	Datteltomaten, halbiert
	Parmesan oder Pecorino

ZUBEREITUNG

Ofen auf 100 °C vorheizen.

Kartoffeln kochen, schälen und zum Ausdampfen 15 Minuten auf den Rost in den Ofen geben, damit Flüssigkeit reduziert wird und die Gnocchi so einen intensiveren Geschmack bekommen. Die noch warmen Kartoffeln durch die Kartoffelpresse drücken.
Das Ei verquirlen, salzen und mit einer Gabel unter die Kartoffeln mischen.
Mit Mehl, Kartoffelstärke, Polentagrieß und Liebstöckl locker verkneten, bis ein weicher glatter Teig entstanden ist.
Rollen von 1 cm Durchmesser formen und in etwa 1 cm lange Stücke schneiden.
In einem großen Topf reichlich Wasser zum Kochen bringen, salzen und die Gnocchi hineingeben. Etwa 3 Minuten lang ziehen lassen, bis die Gnocchi an die Oberfläche steigen.
Währenddessen die Butter in einer Pfanne aufschäumen und leicht bräunen lassen. Die Tomaten dazugeben und kurz durchschwenken.
Gnocchi mit einem Sieblöffel aus dem Wasser nehmen, zur Butter und den Tomaten in die Pfanne geben.
Auf vorgewärmten Tellern anrichten und mit frisch geriebenem Käse servieren.

Noch besser schmeckt es, wenn Sie konfierte Datteltomaten verwenden (S. 138), aber auch ohne Tomaten, nur mit brauner Butter, sind die Gnocchi sehr fein.
Die Kartoffeln dürfen keine Frühkartoffeln sein, da hier der Wassergehalt zu hoch ist. Für mich funktionieren entgegen der gängigen Meinung außerdem festkochende bzw. speckige Kartoffeln besser als mehlige.
Dieses Rezept können Sie auch für Kartoffelknödel – mit oder ohne Fülle – nutzen.

Pfeffrige Krautfleckerln mit Liebstöcklrahm

In unserer Familientradition hatten Krautfleckerln einen immens hohen Stellenwert und drei unverzichtbare Hauptelemente: Zucker (nicht zuviel, aber doch eine deutliche, zarte Süße), schwarzen Pfeffer (ja nicht zu wenig) und Zeit. Zuerst müssen die Zwiebeln lange schmoren und mit dem Zucker eine karamellige Allianz eingehen, dann muss das Kraut lange schmoren, um sich mit den Zwiebeln zu der magischen Grundsubstanz zu verbinden. Erst dann dürfen die Fleckerln dazu (selbstgemacht oder gekauft ist weniger wichtig) und der Pfeffer. Natürlich frisch gemahlen oder gemörsert. Ein Schuss Essig gibt die nötige feine Säure, bevor die Fleckerln jetzt schlussendlich in den Ofen kommen, um am Boden und an der Oberfläche diese herrliche Kruste zu entwickeln. Bis hierher die Tradition.
Der Liebstöcklrahm ist meine neumodische Erfindung, aber ich bin sicher, sie hätte den Puristen in der Familie auch geschmeckt.

ZUTATEN

KRAUTFLECKERLN

- 400 g Fleckerln (Nudeln)
- 1 kleiner Krautkopf, ca. 400 g

- 2 EL Butterschmalz
- 2 EL Olivenöl
- 1 große Zwiebel, klein gewürfelt
- 1½ TL Zucker
- Salz
- 1 TL Pfeffer, frisch und nicht zu fein gemahlen
- 1 Spritzer Essig

LIEBSTÖCKLRAHM

- 1 Becher Sauerrahm
- 1 Bund Liebstöckl, Blätter abgezupft
- Salz

ZUBEREITUNG

Fleckerln in reichlich Salzwasser kochen und abseihen.

Kraut in feine Streifen schneiden, mit dem Hobel der Küchenmaschine oder auf einer Mandoline zerkleinern.

Ofen auf 200 °C vorheizen.

Die Zwiebeln in Butterschmalz und Olivenöl langsam bräunen, Zucker hinzufügen und karamellisieren lassen, anschließend mindestens 10 Minuten weiterdünsten.
Kraut dazugeben und ca. 30 Minuten langsam bei mittlerer Hitze unter wiederholtem Umrühren weichdünsten. Wenn unbedingt nötig, eine minimale Menge Wasser dazugeben.
Mit Salz, Pfeffer und Essig abschmecken, Fleckerln untermengen und nochmals abschmecken.
In eine flache Pfanne füllen und für etwa 20 Minuten in den Ofen stellen, bis die Fleckerln an der Oberfläche braun und knusprig sind.

Den Sauerrahm mit fein geschnittenem Liebstöckl und Salz verrühren und zu den Krautfleckerln servieren.

Dieses Gericht schmeckt am nächsten Tag eigentlich noch besser – hoffentlich ist etwas übriggeblieben!

Wenn Sie Milchprodukte vermeiden wollen, können Sie für den Liebstöcklrahm entweder zu Seidentofu oder Kokosjoghurt greifen, jeweils mit etwas Zitronensaft verrührt.

Potato Sour mit Wasabi und Liebstöckl-Calamaretti

Beim Schreiben dieses Buches wurde mir bewusst, wie viel Erinnerung doch hinter meinen Kochideen steckt. Dieses Gericht ist ein Abkömmling der „Eingebrannten Erdäpfel" meiner Großmutter – diese waren ein ebenso einfaches wie köstliches Essen, ob für sich allein oder als Beilage zu gekochtem Rindfleisch oder hartgekochten Eiern, aber immer mit Dill und kleingeschnittenen Essiggurkerln. Es spricht überhaupt nichts gegen diese Urversion des Rezeptes, aber die Abwandlung – auch des Titels – macht schon viel Spaß!

ZUTATEN

KARTOFFELN

500 g Kartoffeln, festkochend
Salz

1 TL Wasabipaste
2 TL Condimento Balsamico bianco
4 TL Olivenöl
Salz
Pfeffer

CALAMARETTI

2 EL Olivenöl
300 g Calamaretti, geputzt
½ Limette, Schale fein gehackt. Saft
½ Bund Liebstöckl, gehackt
Salz
Pfeffer

ZUBEREITUNG

Kartoffeln: Kartoffeln schälen und in ca. 1 cm große Würfel schneiden. Mit kaltem Wasser bedecken, salzen und weichkochen.

Wasabipaste mit Balsamico und Olivenöl vermischen und unterrühren. Mit dem Pürierstab nur an einer Stelle 2 bis 3 Sekunden pürieren, um eine leichte Bindung zu erzeugen. Mit Salz, Pfeffer und eventuell etwas Balsamico abschmecken.

Calamaretti: Eine Pfanne sehr heiß werden lassen, 1 EL Olivenöl und die Hälfte der Calamaretti hineingeben. 1 bis 2 Minuten unter Rühren rösten, bis sie zart gebräunt und durchgebraten sind. Salzen und warmstellen. Mit der zweiten Hälfte der Calamaretti ebenso verfahren.

Calamaretti etwa in der Größe der Kartoffelwürfel grob hacken, den Liebstöckl und die Limettenschale dazugeben.

Mit Salz, Pfeffer und Limettensaft abschmecken und auf den Kartoffeln anrichten.

Bereiten Sie die Kartoffeln ruhig auch ohne die Calamaretti zu. Einfach nur den Liebstöckl darüberstreuen und vielleicht statt Wasabi geriebenen Kren verwenden.
Man kann die Kartoffeln natürlich auch größer schneiden. Meine Großmutter hätte nie 1 x 1 cm kleine Würfelchen gemacht. Das Kleinschneiden ist meine persönliche Vorliebe, ich finde, dass es das Gericht meist ansprechender macht und gleichzeitig für eine gute Verbindung der Zutaten sorgt.

Linguine mit Eierschwammerln und Liebstöckl alla carbonara

Spaghetti alla carbonara waren die längste Zeit für mich eine „heilige Kuh" – perfekt, nichts hinzuzufügen, nichts wegzunehmen. Eierschwammerl waren eine fast ebenso heilige Kuh – am besten einfach mit Ei und Speck geröstet. Aber plötzlich, in meiner Liebstöckverliebtheit, kam mir die Idee, zwei heilige Kühe mit ein wenig Liebstöckl in ein schönes Paar zu verwandeln.

ZUTATEN

100 g	Frühstücksspeck, klein gewürfelt
300 g	Eierschwammerl
	Salz
	Pfeffer
1	Handvoll Liebstöcklblätter, in dünne Streifen geschnitten
4	Eier
2	Eidotter
50 g	Parmesan
400 g	Linguine
1 EL	Butter

ZUBEREITUNG

Wasser in einem großen Topf zum Kochen bringen.

Speck langsam knusprig rösten, aus der Pfanne nehmen und beiseitestellen. Eierschwammerl im verbliebenen Fett bei maximaler Hitze in zwei Partien scharf anrösten. Es darf keine Flüssigkeit entstehen!
Erst zum Schluss salzen und pfeffern. Liebstöckl und Speck unterrühren und beiseitestellen.

Eier und Eidotter mit dem geriebenen Parmesan verquirlen.

Pasta al dente kochen, abgießen und ca. 125 ml Kochwasser aufheben.

Die Pfanne mit den Pilzen nochmals heiß werden lassen, Linguine rasch mit Butter, Eimasse und den Eierschwammerln mischen. Bei Bedarf etwas Kochwasser unterrühren, um eine cremige Konsistenz zu erreichen.

Auf vorgewärmten Tellern servieren.

Wenn die Eierschwammerl zu viel Feuchtigkeit enthalten, sollte man sie fertig geputzt und geschnitten auf einem Blech ausbreiten und eine halbe Stunde bei 70 °C im Ofen trocknen. Danach braten wie beschrieben.

Die Butter lässt sich für eine milchfreie Variante hier ohne weiteres durch Butterschmalz ersetzen und den Parmesan können Sie einfach weglassen.

Kabeljau mit Speckcrumble und Kapern-Liebstöckl-Salat

Fisch mit Speck ist nicht umsonst ein wohlbekanntes Duo. Am besten passen weiße, festfleischige Fische, speziell Kabeljau oder Skrei (Winterkabeljau). In diesem Rezept bekommt der Fisch eine knusprige Kruste mit Mais und Speck, der Liebstöcklsalat dazu bringt Frische und viel Charakter.

ZUTATEN

SPECKCRUMBLE

80 g	Karreespeck, dünn geschnitten, Fettrand entfernt
4	Maiswaffeln (ca. 25 g)
2 EL	Butterschmalz

FISCH

600 g	Kabeljau, wenn möglich mit Haut, in 4 Portionsstücke geteilt
	Olivenöl

SALAT

1	Handvoll Portulak oder Rucolablätter, gezupft
2	Handvoll Petersilienblätter (1 Bund Petersilie), gezupft
2	Handvoll Liebstöckl (1 Bund), gezupft
2 EL	kleine Salzkapern, gewässert
1 EL	Condimento Balsamico bianco
2–3 EL	Olivenöl

ZUBEREITUNG

Ofen auf 120 °C vorheizen.

Speckcrumble: Speck auf einem mit Backpapier ausgelegten Blech verteilen und für 15 bis 20 Minuten im Ofen trocknen. Die Backofentür mit einem Kochlöffelstiel einen Spalt offen halten und die Scheiben in der Hälfte der Zeit wenden. Sobald der Speck knusprig ist, herausnehmen und abkühlen lassen. Den getrockneten Speck und die Maiswaffeln in grobe Stücke brechen, in einen Gefrierbeutel füllen und mit der Unterseite eines Glases zu mittelgroßen Bröseln zerstoßen.

Die Brösel in Butterschmalz zart anbraten und beiseitestellen.

Fisch: Kabeljau in Olivenöl auf der Hautseite bei mittlerer Hitze langsam braten, bis er fast durch ist. Herd ausschalten, Pfanne mit Alufolie abdecken und gar ziehen lassen.

Salat: Kapern abtrocknen, alle Zutaten kurz vor dem Servieren mischen. Nicht salzen, weil die Kapern trotz des Wässerns immer noch genügend Salz beisteuern.

Kabeljau mit der Hautseite nach unten anrichten, mit einer Schicht Speckcrumble bedecken und mit dem Salat servieren.

Dieser Salat passt zu vielen eher deftigen Fleisch- oder Fischgerichten, wie zum Beispiel Schweinebraten, Lamm, und – nicht zu vergessen – zu einer zünftigen Brettljause. Ein paar Radieschen ergänzen den Salat sowohl geschmacklich als auch optisch ideal.

Souvlaki mit Liebstöckl-Chimichurri

Die griechischen Souvlaki sind wohl weithin bekannt. Ich liebe die kurzen Spießchen mit den kleinen Fleischstücken – je kleiner, umso knuspriger.
Weniger bekannt dürfte Chimichurri sein. Es handelt sich um eine argentinische Sauce, die zu gegrilltem Fleisch gegessen, aber auch als Marinade verwendet wird. In Lateinamerika wird sie meist mit getrocknetem Thymian, Oregano, Chili und Lorbeer gemacht; meine Liebstöcklvariante besteht aus frischen Kräutern und Zitrus. Eine feine Sache für einen Grillabend im Garten!

Am besten bereitet man die Sauce schon am Vortag zu.

ZUTATEN

CHIMICHURRI

1	Schalotte, fein gewürfelt
1 Bund	Liebstöckl, gehackt
½ Bund	Petersilie, gehackt
¼	kleiner (Jalapeño-)Chili, mittelscharf, fein gehackt
¼ TL	Salz
½ TL	schwarzer Pfeffer, gemörsert
80 ml	Olivenöl
½	Zitrone, Schale, feingehackt
1	kräftiger Spritzer Zitrone
1	Knoblauchzehe, angequetscht
12	kleine Biokartoffeln mit Schale, gekocht

SOUVLAKI

12	Holzspieße
500 g	Schweinsschopf
	Salz
	Olivenöl zum Braten
	Pfeffer
	4–6 Fladenbrote

ZUBEREITUNG

Chimichurri: Die Schalotte mit kochendem Wasser überbrühen und durch ein Sieb abgießen.
Mit allen anderen Zutaten für die Chimichurri-Sauce mischen, abschmecken und idealerweise über Nacht durchziehen lassen.

Souvlaki: 12 Holzspieße mit einer Gartenschere auf etwa 17 cm kürzen und für 20 Minuten in kaltes Wasser legen.
Währenddessen das Fleisch in kleine Würfel mit etwa 2 cm Seitenlänge schneiden, salzen und auf die Spieße stecken.

Ofen auf 100 °C vorheizen.

Eine Pfanne heiß werden lassen und die Spieße portionsweise in Olivenöl rundherum braun und knusprig braten. Pfeffern und warmstellen.
Fladenbrote zum Aufwärmen in den Ofen legen.

Kartoffeln ebenfalls rundherum kurz im Olivenöl braten. Mit einem Tassenboden jede Kartoffel ein wenig anquetschen.
Fladenbrote, Chimichurri und Spieße auf den Tisch stellen, jeder setzt sich sein Souvlaki-Sandwich selbst zusammen:
Fladenbrote quer bis zur Hälfte einschneiden, mit den Fingern in der Mitte weiter öffnen. Etwas Chimichurri hineingeben, darauf die Kartoffeln.
Wieder mit Chimichurri beträufeln.

Fleisch von zwei Spießen streifen und auf die Kartoffeln verteilen, zum Abschluss noch eine Portion Chimichurri darauf. Zumindest ein Spieß sollte wegen des Genusses direkt vom Holzstäbchen geknabbert werden.

Es kann auch alles ganz zivilisiert auf Tellern serviert und gegessen werden, mit Besteck, getoasteten Fladenbrotdreiecken und extra Kartoffeln. Mit Öl bedeckt hält Chimichurri 1 bis 2 Wochen.

Liebstöcklparfait mit grünem Apfel und Olivenöl

Dieses Dessert mit „Wow-Effekt" ist eine Herausforderung. Liebstöckl und Olivenöl, zwei Elemente, die so gar nicht süßspeisentauglich scheinen – Esser mit aufgeschlossenem Gaumen werden Ihnen allerdings um den Hals fallen und nicht ohne das Rezept nach Hause gehen!
Die schöne grüne Farbe hat dieses Parfait nicht nur dem Liebstöckl zu verdanken, sondern auch einem klitzekleinen Löffel Blattspinat. Geschmacklich fällt dieser nicht weiter auf.

ZUTATEN

2	Eiklar
	Salz
1 EL	Zucker
2 EL	oder 2 Würfel Tiefkühl-Blattspinat, aufgetaut
1 Bund	Liebstöckl, grob gehackt
1	Limette, Saft und fein geriebene Schale
4	Eidotter
130 g	Zucker
200 ml	Schlagobers, steif geschlagen
2	säuerliche grüne Äpfel
½	Zitrone, Saft
	Olivenöl extra vergine

ZUBEREITUNG

Eiklar mit einer Prise Salz und Zucker zu steifem Schnee schlagen und kühl stellen.

Spinat, Liebstöckl und Limettensaft mit dem Stabmixer pürieren.
Limettenschale dazugeben.
4 Eidotter mit Zucker aufschlagen bis die Masse hell, dick und cremig ist.
Nach und nach die Liebstöcklmasse und den Eischnee unterheben.
Vorsichtig das Schlagobers unterziehen.
Die Masse in eine mit Klarsichtfolie ausgelegte Kastenform (oder in kleine individuelle Förmchen) füllen und für mindestens 4 bis 6 Stunden in den Tiefkühler stellen.
Kurz vor dem Servieren die Äpfel mit Schale in 1 bis 2 mm dicke Scheiben schneiden. Zitronensaft mit Wasser mischen, die Apfelscheiben darin wenden. Auf Küchenpapier abtropfen lassen.
Das Parfait etwa 10 Minuten vor dem Servieren aus dem Tiefkühler nehmen, um es antauen zu lassen. Dann in Scheiben schneiden und mit Apfelscheiben und Olivenöl anrichten.

Der Apfel wird in Öl getaucht, dann gibt man ein Löffelchen Parfait darauf – bon appétit!

Natürlich schmeckt auch das Parfait allein mit dem Apfel wunderbar und ist eine gute Alternative, wenn das richtige Olivenöl nicht zur Verfügung steht.
Nur ein wirklich gutes Öl, das deutlich nach frisch geschnittenem Gras und Chlorophyll schmeckt und durchaus auch Bitterkeit und Schärfe mitbringt, erfüllt hier geschmacklich seine Aufgabe. Daher im Zweifelsfall lieber ohne Olivenöl als mit einem schlechten Öl genießen (mehr zu Olivenöl S. 10).
Ohne meine Freundin Gerti aus unserem Team wäre dieses Rezept nicht so gut gelungen. Danke!

Liebstöckldunstkoch

Ich würde wetten, dass Sie sich eine Süßspeise mit Liebstöckl nicht gut vorstellen können. Mein Aha-Erlebnis war ein Liebstöcklikör, den ich am liebsten jeden Tag getrunken hätte. Somit ist klar, Liebstöckl und Zucker mögen einander und gehen im richtigen Dessert eine gute Allianz miteinander ein.

ZUTATEN

- 70 g weiche Butter
- 70 g Zucker
- 1 Msp. Vanille
- 4 Eier, getrennt, Eiklar zu Schnee geschlagen
- 70 g geriebene Mandeln
- 1 großer Bund Liebstöckl, Blätter abgezupft und fein gehackt

- 1 Becher Schlagobers

- Ahornsirup nach Belieben

ZUBEREITUNG

Butter, Zucker und Vanille mixen, bis die Mischung hell wird, Eidotter nach und nach unterrühren, Mandeln und Liebstöckl dazugeben.
Zuletzt den steif geschlagenen Schnee vorsichtig mit einem Holzlöffel unterheben.

Eine Puddingform mit Deckel mit Butter ausstreichen und mit Kristallzucker ausstreuen. Masse einfüllen, Deckel zuschrauben. Die Form in einen 5 Liter fassenden Kochtopf stellen und so viel kochendes Wasser zugießen, dass sie zu etwa drei Viertel der Höhe im Wasser steht. Kochtopf zudecken.
45 Minuten leicht köcheln lassen.

Schlagobers halb steif schlagen, Vanille und Ahornsirup unterziehen. Kühlstellen.

Die Puddingform herausnehmen und etwas abkühlen lassen. Erst dann auf einen Teller stürzen, anzuckern und mit frisch geschlagenem Schlagobers servieren.

Kein Problem, wenn es keine Deckelform im Haushalt gibt. Eine normale Gugelhupfform tut es auch, sie wird mit Alufolie fest abgedeckt. Sie können auch kleine Förmchen einzeln abdecken, in ein Wasserbad stellen und im Ofen garen. Bei den kleinen Förmchen verkürzt sich die Kochzeit auf etwa 20 bis 25 Minuten.

Heu

Der Duft von Gras und Heu zählt zu meinen liebsten Kindheitserinnerungen.
Im frisch geschnittenen Gras einer Wiese liegen oder in der Scheune in einen Berg aus hoch aufgetürmtem Heu springen – all das hatte ich schon fast vergessen, bis mir vor einiger Zeit in einer französischen Zeitschrift ein Rezept für Huhn im Heu unterkam, das nicht nur meine Erinnerungen, sondern auch wieder einmal meine Experimentierlust weckte.
Die ersten Ergebnisse aus meinen Tests waren offengestanden enttäuschend. Ich musste erst herausfinden, dass das möglichst dichte Verschließen des Topfes wichtig ist, dass sich Kalbfleisch am besten mit dem Heuaroma verbindet und dass es interessant sein kann, auch über Fleisch hinauszudenken … und da waren sie dann, die Gerichte, die beeindrucken konnten.
Ich erinnere mich an ein Kochseminar, bei dem ich mit der Gruppe eine Woche lang auf einem wunderbaren Landgut im Friaul kochen

Honig
Salz
Heu

Eistich mit Heusalz

Eistich ist in unserer heimischen Küche eher schnittfest, wird mit Milch zubereitet und kommt leider meist nur noch in älteren Kochbüchern als Suppeneinlage vor. Mein Rezept ist von der in Japan verbreiteten Version inspiriert und hat durch Heu und Steinpilz ein alpenländisches Augenzwinkern bekommen.

ZUTATEN

1	Handvoll getrocknete Steinpilze, grob zerbröselt, ergibt etwa 2 EL
140 ml	warmes Wasser
2	Eier
¼ TL	Salz
	Olivenöl zum Ausfetten der Förmchen
	Heusalz (S. 114)

ZUBEREITUNG

Pilze für etwa zwei Stunden in 140 ml warmem Wasser einweichen. Durch ein Sieb abgießen, Flüssigkeit beiseitestellen, Pilze ausdrücken und hacken.
Eier gründlich verquirlen, durch ein feines Sieb in einen Messbecher gießen und mit etwas mehr als der gleichen Menge Pilzwasser und dem Salz vorsichtig verrühren – es sollte kein Schaum entstehen.

Vier nicht zu kleine Mokkatassen oder andere Förmchen in einen Dämpfkorb stellen und dünn mit Olivenöl ausstreichen, Pilze auf die Tassen verteilen.

Einen Kochtopf, dessen Durchmesser etwas kleiner ist, als der des Bambuskorbs, etwa 10 cm hoch mit Wasser füllen und das Wasser zum Kochen bringen.
Eiermasse in die Tassen gießen, den Bambuskorb auf den Topf mit dem kochenden Wasser stellen. Den Deckel mit einem sauberen Geschirrtuch umwickeln und aufsetzen, damit kein Kondenswasser in den Eistich tropft. Die Temperatur etwas zurückdrehen und 10 Minuten lang dämpfen.

Mit Heusalz bestreuen und mit zusätzlichem Heusalz zum Würzen servieren.

Da Eier sehr unterschiedlich groß sein können, empfiehlt es sich, das durchgesiebte Ei in einem Messbecher abzumessen. Das optimale Verhältnis von Ei zu Flüssigkeit liegt bei 3:4.
Durch das Durchseihen werden festere Bestandteile des Eiklars herausgefiltert und Luftblasen eliminiert – nur so erzielt man die seidige, glatte Konsistenz.
Wenn man gerne mehr Einlage hätte, eignen sich geschnittene, gebratene frische Pilze und gegartes Hühnerfilet in dünnen Scheibchen. Als Flüssigkeit kann man auch kühlen Gemüse-, Hühner- oder Rinderfond verwenden; alternativ zu Steinpilzen sind getrocknete Shiitakepilze möglich.
Noch ein Tipp für größere Tafelrunden: Bis zum Abfüllen in die Tassen lässt sich alles perfekt vorbereiten. Ei-Suppen-Mischung einfach in den Kühlschrank stellen, vor dem Servieren umrühren, in die Tassen füllen und 10 Minuten dämpfen, während man gemütlich mit den Freunden ein Glas trinkt.

konnte. Dort holten wir das Heu direkt von der Wiese vor der Tür in die schöne altmodische Küche und ließen es mit dem Kalbfleisch lange schmoren. Gegessen wurde auf der Wiese – ein Traum.
Erst später, nachdem die Möglichkeiten mit Wurzeln, Kartoffeln, Käse, Knödeln und sogar Brot im Heu ausgeschöpft schienen, fabrizierte ich einmal versuchsweise ein Salz. Wieso war mir das nicht früher eingefallen?
Ei mit Heusalz beispielsweise – ein Hit. Heusalz auf Butterbrot dahingegen eine Enttäuschung. Der Heuhonig wiederum verbindet sich mit Butter zu einer köstlichen Creme.
Versuche mit Essig, Öl, Butterschmalz und Milch konnten nicht überzeugen.

Woher das Heu?
Wenn man Bauern kennt, bei denen man sich vergewissern kann, dass die Wiese nicht mit Pestiziden und Unkrautvernichtern behandelt wird, ist Selbstschneiden und -trocknen eine gute Option. Man kann sich auch bereits geschnittenes, getrocknetes Heu vom Bauern besorgen, es hält sich in einem Stoffbeutel oder Papiersack an einer luftigen Stelle sehr lange.
Von Heu aus Heuballen und Reitställen ist abzuraten, dieses ist oft schimmelig und möglicherweise chemisch verunreinigt. Eine weitere gute Möglichkeit ist es, Heu im Bioladen zu kaufen. Es ist in Säcken zu 3 Litern eigentlich für Haustiere gedacht aber dennoch von sehr guter Qualität und zum Kochen absolut geeignet.

Heusalz

Mir sind aromatisierte Salze meist zu wenig aromatisch und viel zu salzig. Ich wollte es gerne umgekehrt haben, also ähnelt dieses Salz mehr einem Salzheu als einem Heusalz.

ZUTATEN

1	Handvoll Heu
½ EL	Maldon Salt

ZUBEREITUNG

Ofen auf 150 °C vorheizen.

Ein Backblech mit einem Stück Backpapier belegen, das Heu darauflegen, mit einer Schere in kurze Stücke schneiden und anschließend auf dem Blech ausbreiten.
30 Minuten im Ofen rösten, herausnehmen und abkühlen lassen.
In der Küchenmaschine fein zerkleinern, einige Male durchsieben, bis alle langen Stücke entfernt sind.
Das Salz leicht mörsern und mit dem Heu mischen. In ein Schraubdeckelglas füllen.

Es klingt zwar ein wenig umständlich, aber keiner der Schritte – Schneiden, Rösten oder Sieben – sollte übersprungen werden: Wird das Heu nicht geschnitten, machen sich die Halme bei jedem Transport (Ofen, Küchenmaschine …) selbständig, fliegen herum und passen nicht in die Küchenmaschine. Wird das Heu nicht geröstet, geht das Zerkleinern schlecht, weil das Heu nicht spröde genug ist.
Wird das Heu nicht gesiebt, setzen sich die Minihalme gern zwischen den Zähnen fest – spätestens dann wissen Sie, wozu das Sieben gut gewesen wäre. Das Salzheu passt zu Fleisch, Gemüse, Kartoffeln und vor allem Eiern, oft am besten in Verbindung mit einer großzügigen Portion Butter.

Heuhonig

Ob auf Vanilleeis, im Joghurt, auf dem Butterbrot oder zum Grießpudding – dieser Honig überrascht mit seinem einzigartigen Geschmack und bringt Sommerfeeling auf den Teller.

ZUTATEN

1	Handvoll Heu, im Ofen getrocknet (siehe auch Heusalz)
1 Msp.	Vanille
4 EL	Blütenhonig

ZUBEREITUNG

Heu in der Küchenmaschine grob zerkleinern. Mit Vanille und Honig aufkochen, 30 Minuten ziehen lassen und durch ein feines Sieb in ein Schraubdeckelglas abseihen.

Statt Honig können Sie natürlich auch Ahornsirup oder Agavendicksaft verwenden.

Salz

Wurzeln und Kartoffeln im Heu

Eine tolle Vorspeise: der Topf kommt aus dem Ofen, der Deckel wird vor den Augen der neugierigen Gäste geöffnet – Kartoffeln und Gemüse können von jedem selbst frisch und warm aus dem Topf gefischt werden. Dann einfach Butter und Salz dazu, mehr braucht es nicht. Außer vielleicht ein kühles Bier oder ein Glas Weißwein.

ZUTATEN

1 Sack	Bio-Heu, etwa 3 Liter
1 kg	gemischtes Wurzelgemüse (Karotten, Petersilienwurzeln, Pastinaken, eventuell einige kleine rote Rüben ...) mit ungefähr gleichem Durchmesser
500 g	kleine Kartoffeln
	Butter
	Fleur de Sel

ZUBEREITUNG

Ofen auf 200 °C vorheizen.

Eine große Deckelkasserole in den Ofen stellen und vorwärmen.

Gemüse und Kartoffeln gründlich bürsten oder, wenn gewünscht, die Kartoffeln schälen. Gemüse in Stücke schneiden, die in etwa der Kartoffelgröße entsprechen. Wenn Sie rote Rüben verwenden, müssen diese je nach Größe etwa 20 bis 30 Minuten vorgekocht werden.

Eine Lage Heu in die Kasserole geben, Wurzeln und Kartoffeln darauf verteilen und mit Heu bedecken. Wenn Sie nur einen kleineren Topf besitzen, können Sie ohne weiteres mehrere Lagen Gemüse schichten, es sollte aber immer ein wenig Heu zwischen den einzelnen Wurzeln sein.
Deckel aufsetzen und den Topf mit einem Streifen Alufolie möglichst dicht verschließen. In den vorgeheizten Ofen stellen und 60 bis 90 Minuten backen. Herausnehmen, etwas abkühlen lassen, Alufolie entfernen. Vorsichtig den Deckel anheben – Achtung vor dem heißen Dampf!

Mit Butter und Salz servieren.

Hier haben wir beschrieben, wie sich der Topf zweckmäßig und schnell mit einem gefalteten Streifen Alufolie verschließen lässt. Sie können aber auch den stilvolleren Teigverschluß fabrizieren, wie er im Rezept für das Kalb im Heu (S. 120) beschrieben wird.

Kalbsschulter im Heu mit Risibisi

Dieses Gericht habe ich bereits mit viel Erfolg bei größeren Tafelrunden serviert. Der Moment, in dem der Deckel des gusseisernen Topfes gehoben wird und das dampfende Heu seine ganze Wucht entfaltet, ist für jeden Gast eine tolle Überraschung.

ZUTATEN

	TEIG
500 g	Mehl
300 ml	Wasser
	FLEISCH
1 kg	Kalbsschulter, bzw. ausgelöste Kalbsstelze
	Salz
2 EL	Butterschmalz
1 Sack	Bio-Heu, etwa 3 Liter
2 EL	kalte Butter für die Sauce
	RISIBISI
4	Mokkatassen Basmatireis
6	Mokkatassen Wasser
150 g	Erbsen
	Butter
	Salz

ZUBEREITUNG

Ofen auf 250 °C vorheizen.

Mehl mit Wasser zu einem glatten Teig verarbeiten. Daraus eine lange, etwa 2 cm dicke Rolle formen.

Fleisch: Das Fleisch salzen und in einer beschichteten Pfanne in Butterschmalz rundherum anbraten.
In eine große Deckelkasserole (am besten aus Gusseisen) etwas Wasser geben und eine Lage Heu hineinfüllen. Fleisch darauflegen und mit Heu bedecken. Deckel und Rand der Kasserole mit dem Finger leicht einölen. Teigrolle auf den Topfrand setzen, etwas andrücken und den Deckel fest daraufsetzen. Statt den Topf mit Teig zu verschließen, können Sie den Rand auch mit einem doppelten Streifen Alufolie umwickeln, um zu verhindern, dass zu viel Dampf und Aroma austreten.
Kasserole in den vorgeheizten Ofen stellen, nach 20 Minuten die Hitze auf 170 °C zurückdrehen. 90 Minuten weiterbraten.

Risibisi: Basmatireis gut abspülen. Mit dem abgemessenen Wasser in einen weiten flachen Topf geben, aufkochen, Hitze auf kleine Stufe zurückdrehen und dünsten, bis beinahe alles Wasser verdampft ist. Herd abdrehen, gefaltetes Geschirrtuch unter den Deckel geben und Reis ausdampfen lassen.

Erbsen in Butter dünsten, unter den Reis mischen und salzen.

Den Topf öffnen (eventuell mit Hilfe eines kleinen, spitzen Messers aufhebeln) – alle dürfen zuschauen und riechen – Teig und das obenauf liegende Heu wegwerfen, Fleisch herausheben und warmstellen. Das restliche Heu ebenfalls wegwerfen. Bratenfond durch ein Sieb in einen Topf gießen, aufkochen, nach Bedarf etwas Wasser oder Suppe zugeben und kleine, eiskalte Butterstückchen mit dem Schneebesen einrühren. Zum Schluss noch mit Pfeffer und Salz abschmecken.
Fleisch in Scheiben schneiden und mit dem Risibisi auf vorgewärmten Tellern anrichten. Saft extra dazu servieren.

Man kann auch eine gefüllte Kalbsbrust im Heu zubereiten. Wenn Sie Lamm probieren möchten, versichern Sie sich, dass es sich um ein junges Tier handelt, da andernfalls das Heu-Aroma dem starken Fleischgeschmack nicht gewachsen ist.

Brie im Heu

Warmer Käse hat an und für sich schon einen großen Reiz; direkt aus dem Heubad macht er noch viel mehr Freude. Am praktischsten finde ich es, Brotscheiben zum Rösten gleich mit in den Ofen zu legen.

ZUTATEN

1–2 kleine runde Stücke Tortenbrie oder Camembert, in Dreiecke geschnitten

Bio-Heu

ZUBEREITUNG

Ofen auf 150 °C vorheizen.

Vier Rex-Gläser (mit Metallbügel und Glasdeckel) für einige Minuten zum Aufwärmen in den Ofen stellen. Anschließend etwas Heu hineingeben, je ein Briestück darauflegen, mit Heu bedecken und den Deckel (ohne Gummiring) schließen.

Auf den Gitterrost stellen und 10 Minuten lang backen.
Die Gläser vorsichtig herausnehmen und ca. 5 Minuten abkühlen lassen.
Dann den Verschluss öffnen und mit geröstetem Brot und nach Belieben mit etwas Fruchtigem wie dem Rhabarberchutney (S. 166) servieren.

Man muss die Gäste immer darauf hinweisen, dass das Glas noch sehr heiß ist und nur mit einer Serviette angefasst werden sollte.
Trotzdem ist es unvergleichlich interessanter, den Käse direkt im Heu zu servieren, als die Stücke herauszunehmen, bevor man sie zu Tisch bringt. Es geht dabei gar nicht nur um das optische Spektakel, sondern um das Aroma, das beim Öffnen des Glases aufsteigt.

Heidelbeerknödel im Heu

In einem Körbchen serviert kommt dieses Gericht daher wie ein Osternest im Hochsommer – und zwar ein wohlschmeckendes obendrein! Um den anderen diesen hübschen Anblick auch zu vergönnen, können die Knödelchen gleich im Dämpfkorb zu Tisch gebracht werden. Dafür den Korb auf einen Teller stellen und die Butter extra servieren.

ZUTATEN

125 g Topfen
40 g Grieß
40 g Zucker
60 g Butter
1 Ei
1 Handvoll frische Heidelbeeren, in Zucker gewälzt

Bio-Heu

50 g Butter
frische Heidelbeeren

Heuhonig (S. 114) oder normaler Honig

Dämpfkorb oder Dämpfeinsatz

ZUBEREITUNG

Butter cremig rühren. Topfen, Ei, Grieß, Zucker und eine Prise Salz dazugeben. Teig mischen und 15 Minuten rasten lassen.

Kleine Knödel mit etwa 3 cm Durchmesser formen. Mit dem Finger ein Loch hineindrücken und mit einigen Heidelbeeren füllen, fest verschließen. In einen Kochtopf etwa 2 cm hoch Wasser füllen und zum Kochen bringen.

Den Dämpfeinsatz mit Heu füllen, die Knödel hineinlegen, mit ein wenig Heu bedecken und den Einsatz vorsichtig in den Kochtopf stellen. Auf kleiner Flamme zugedeckt im Dampf je nach Größe 15 bis 30 Minuten ziehen lassen (das Wasser muss dabei ständig simmern).
Die Butter in einem kleinen Topf für einige Minuten köcheln, bis sie zart gebräunt ist und zu duften beginnt.

Knödel auf vorgewärmten Tellern anrichten, mit der gebräunten Butter übergießen und mit Heuhonig beträufeln. Frische Heidelbeeren extra dazu servieren.

Fenchelblüte

Die Fenchelblüte schlug wie ein Blitz in meine Geschmackswelt ein. Und zwar in Form einer Salsiccia, die vom Fleischhauer in einem winzigen toskanischen Dorf hergestellt wurde. Die Wurst war in knusprigen Stückchen in einem raffiniert einfachen Pastagericht verarbeitet ... seither bin ich süchtig nach diesem Geschmack.

Egal ob in Spanien, Italien oder Griechenland – überall begebe ich mich auf die Jagd nach den hohen, gelb blühenden Stauden mit dem intensiven Geruch, der beim Pflücken die Finger imprägniert und sich anschließend auf der Heimreise im Flugzeug ausbreitet.

Zu Hause trockne ich den Fenchel dann mitsamt den Blüten, zupfe diese von den Stängeln und siebe sie geduldig einige Male – das ganze Haus duftet tagelang. Dann werden die kleinen Goldnuggets in Schraubdeckelgläser gefüllt und in die Speisekammer auf einen Ehrenplatz gestellt.

Die Stängel sind ebenfalls kostbar, besonders die dickeren, die sich gut als Spieße, etwa für Lammkebab (S. 142) oder als aromatische Unterlage für einen Braten in der Pfanne eignen. Sie kommen in ein großes Glas und dürfen neben den Blüten stehen.

In besonders glücklichen Jahren, wenn mein Weg in die Toskana führt, grase ich dort die Gemüsehändler ab, bis ich das große Schraubdeckelglas mit den bereits abgerebelten winzigen Blüten entdecke, das irgendwo im Regal versteckt steht. Dort kaufe ich mindestens 50 Gramm, so komme ich zusammen mit meinen selbstgemachten Vorräten eine ganze Weile über die Runden.

Einkauf

Machen Sie sich keine Sorgen, wenn Ihre Reisepläne keine entsprechenden Destinationen zum Sammeln von Fenchelblüten beinhalten – die Blüten lassen sich auch ganz einfach im Internet bestellen. Vergleichen Sie die Preise, denn es gibt große Unterschiede.

Bedenken Sie dabei auch, dass die zarten Blüten so gut wie kein Gewicht haben und Sie mit 20 Gramm zum Probieren fürs Erste gut dabei sind. Als Richtwert gilt ein Preis von etwa 6 bis 9 Euro pro 10 Gramm. Oft kommen die Blüten aus Italien, manchmal aus den USA.

Geschmack

Fenchelblüte wird manchmal auch als Fenchelpollen bezeichnet und ist kulinarisch noch eher unbekannt. Mit den Fenchelsamen, die man meist als intensives Brotgewürz kennt, sind Fenchelblüten jedoch nicht zu vergleichen. Ihr Aroma ist sehr viel zarter und vielschichtiger – einfach ganz anders.

Sammeln

Fenchelblüte liebt Straßenrand. Ernüchternd aber wahr. Um möglichst saubere Blüten zu finden, bin ich also vorwiegend auf winzigen Nebenstraßen mit wenig Verkehr unterwegs. Manchmal habe ich aber auch Glück und finde eine Wiese oder einen Olivenhain mit Fenchelstauden. Und manchmal wächst dort auch noch ein Feigenbaum – dann ist das Glück perfekt.

Die Stängel sind zäh und lassen sich oft schwer abbrechen. Wenn, dann geht es am besten an den „Gelenken", wo Seitentriebe abzweigen. Es empfielt sich daher, eine Schere oder ein Taschenmesser dabei zu haben.

Nur die Blütendolden zu pflücken ist auch möglich, aber eigentlich schade um die Stängel, die man ebenfalls sehr gut in der Küche verwenden kann. Nach dem Ernten wird alles in einen sauberen, stabilen Plastiksack gepackt und vor der Heimreise zugebunden.

Je nach Region findet man Fenchelblüten vor allem im Juli und August, aber auch noch im Sep-

tember und sogar Anfang Oktober. Später im Jahr sind neben den Blüten schon viele kleine grüne Fenchelsamen auf den Dolden, die auch köstlich sind, aber nicht mehr ganz die Finesse der Blüten besitzen. Ähnliche gelbe Blüten, aber andere Blätter besitzen Dill, Anis und Pastinake, die allesamt ungiftig sind und anders riechen und schmecken – es besteht also keine Verwechslungsgefahr.

Anbauen
Auf Märkten gibt es immer wieder Staudenfenchel zu kaufen, den man selbst pflanzen kann. Er wächst auch bei uns problemlos und kommt regelmäßig im Frühjahr zurück. Dass die Blüten nicht ganz so aromatisch sind, wie die aus Kreta oder der Toskana, ist einleuchtend, dennoch sind sie eine empfehlenswerte Option! Ich liebe meine beiden Fenchelstauden sehr. Sie werden bewundert, gehegt, gepflegt und abgeerntet, während sie ganz nebenbei ein wenig Toskana-Feeling verbreiten.

Basiszubereitungen
Getrocknet hat die Fenchelblüte maximales Aroma und hält dieses überraschend lange. Fünf Jahre alte Blüten können noch sehr gute Intensität besitzen!
Daher lohnen sich Zubereitungen in diesem Fall nicht. Auch Fenchelblütenöl setzt man am besten immer frisch an, weil es, im Gegensatz zur getrockneten Blüte, schnell an Aroma verliert.

Belugalinsenhummus mit knusprigem Schweinebauch

In elegantem Grau präsentiert sich dieser optisch an Kaviar erinnernde Hummus und überrascht gleich darauf mit dem ungewöhnlichen Aroma des wilden Madagaskarpfeffers, der auch unter dem Namen Voatsiperifery bekannt ist. Sobald dann einer der knusprigen Schweinebauchkrümel zwischen den Zähnen kracht, kommt die Fenchelblüte ins Spiel und rundet alles glücklich ab.

ZUTATEN

	LINSEN
150 g	Belugalinsen
	Salz
45 ml	Olivenöl
	Condimento Balsamico bianco
¾ TL	wilder Madagaskarpfeffer (Voatsiperifery), gemörsert
	FLEISCH
200 g	Schweinebauch, im Ganzen
	Fenchelblüte
	Salz
	Fladenbrot

ZUBEREITUNG

Linsen: Linsen mit kaltem Wasser bedecken und weichkochen. Erst zum Schluss salzen und mit einem Spritzer Balsamico bianco abschmecken. Abkühlen lassen.
Die Hälfte der Linsen zusammen mit dem Olivenöl pürieren und dann die andere Hälfte untermischen. Mit Balsamico bianco und Madagaskarpfeffer würzen.

Schweinebauch für etwa 30 Minuten in den Tiefkühler legen, damit er sich besser schneiden lässt. Herausnehmen und quer in maximal 5 mm dünne Scheibchen schneiden, salzen und mit Fenchelblüte einreiben. Mindestens 1 Stunde einziehen lassen.
Die Scheiben anschließend langsam knusprig ausbraten, auf Küchenpapier entfetten, mit den Fingern zerkrümeln und über die Linsen streuen.

Fladenbrot toasten, in Dreiecke schneiden und dazu servieren.

Voatsiperifery bekommt man nicht an jeder Ecke, aber in gut sortierten Gewürzläden und im Internet ist er meist erhältlich. Die Suche lohnt sich, denn sein Aroma ist einmalig. Wenn Sie eine andere Pfeffersorte verwenden, ist das Mörsern das Wichtigste, um möglichst viel Aroma aus den Körnern zu gewinnen.
Als vegetarische Variante können Sie Sonnenblumenkerne trocken in der Pfanne rösten, dann in wenig Olivenöl oder Butterschmalz wenden, salzen und mit den Fenchelblüten bestreuen.

SARDINEN

Taboulé mit Quinoa und Tomaten-Fenchelblüten-Emulsion

ZUTATEN

EMULSION

500 g	Tomaten, kleingeschnitten Sie können hier Reste aus dem Rezept für konfierte Tomaten (S. 138), eventuell ergänzt durch zusätzlicheTomaten, verwenden
1 TL	Zucker
1½ TL	Salz
½ TL	Pfeffer, grob gemörsert
¼ TL	bzw. 25 Fenchelsamen, grob gemörsert
5 EL	Olivenöl
½ TL	Fenchelblüte, mit einigen Salzkristallen fein gemörsert

QUINOA

4	Mokkatassen Quinoa
6	Mokkatassen Wasser
1	Sternanis
	Salz
½	Gurke, geschält, entkernt und klein gewürfelt
2	Tomaten, klein gewürfelt
1	Avocado
	Tomaten-Fenchelblüten-Emulsion
	Salz, Pfeffer
	Condimento Balsamico bianco

Taboulé ist ein erfrischender libanesischer Bulgursalat mit viel Petersilie. In diesem Rezept wird habe ich zur Abwechslung statt Bulgur Quinoa verwendet; Quinoa ist glutenfrei und sehr zart in Konsistenz und Geschmack. Das Aroma wird durch die Fenchelblüte bestimmt, daher habe ich keine zusätzlichen Kräuter zugefügt.
Ich werfe sehr ungern essbare Dinge weg und bin demnach ein Anhänger kreativer Methoden zur Resteverwertung. Die Tomatenemulsion ist so ein Fall. Sie verleiht verschiedensten Gerichten Pep und Frische und kann auf Vorrat zubereitet werden. Im Kühlschrank hält sich die Emulsion mindestens eine Woche.

Dieses Rezept am Vortag beginnen.

ZUBEREITUNG

Emulsion: Tomaten und, sofern vorhanden, Tomatenreste mit Zucker, Salz, Pfeffer und Fenchel mischen und etwa eine Stunde stehenlassen. Danach grob pürieren und in einem feinen Sieb oder einem Tuch über einer Schüssel für einige Stunden (über Nacht) im Kühlschrank abtropfen lassen.
Man erhält ca. 200 ml Tomatenwasser, das in einem Schraubdeckelglas mit Olivenöl und Fenchelblüte kräftig verschüttelt wird. Gekühlt bis zur Verwendung durchziehen lassen.

Quinoa: Quinoa unter lauwarmem Wasser spülen, mit Wasser und Sternanis aufkochen und auf mittlerer Hitze köcheln lassen. Sobald die Flüssigkeit fast verkocht ist, Herd abdrehen. Ein Geschirrtuch um den Deckel legen und ausquellen lassen. Dann erst salzen, mit einer Gabel auflockern und abkühlen lassen.
Gurken- und Tomatenwürfel mit der Hälfte der kräftig geschüttelten Tomatenemulsion und dem abgekühlten Quinoa vermischen und mindestens 30 Minuten durchziehen lassen.

Die Avocado erst unmittelbar vor dem Servieren schälen, würfeln und mit der zweiten Hälfte der Tomatenemulsion unter das Quinoa mischen. Wenn nötig, nochmals mit Salz, Pfeffer und Balsamico abschmecken.

Auch als Picknickgericht im Rex-Glas erfrischend. Dann wird die Tomatenemulsion extra mitgenommen und erst vor dem Essen nochmals geschüttelt, auf die Gläser verteilt und untergemischt. Für ein Picknick eignet sich Avocado nicht gut, deshalb einfach weglassen.
Sollte die Zeit für die Tomatenemulsion nicht reichen, machen Sie einfach eine normale Vinaigrette mit Zitrone, Salz und Olivenöl und lassen Sie die Fenchelblüten darin eine Weile ziehen.

Fisolen mit Pilzcrumble und Fenchelblüte

Gemüse mit Butterbröseln hat in Österreich Tradition – umso reizvoller finde ich es, so klassische und in Vergessenheit geratene Zubereitungen auszugraben, zu entstauben und mit möglichst wenig Aufwand interessanter und moderner zu gestalten.
Zur Abwechslung habe ich mir daher diese Variante mit Olivenöl und Reiswaffelbröseln ausgedacht. Sie bekommt von den Pilzen viel Umami, ist leichter als das Original und erhält durch die Fenchelblüte einen besonderen Charme.

ZUTATEN

2 EL	Olivenöl
2	Zwiebeln, klein gewürfelt
500 g	Austernpilze, klein gehackt
2 EL	Ouzo
½ TL	Fenchelblüte
500 g	zarte grüne oder gelbe Fisolen, geputzt
4	Reiswaffeln
1 EL	Olivenöl

ZUBEREITUNG

Zwiebeln in einer großen Pfanne in Olivenöl langsam schmoren und ein wenig karamellisieren lassen (dauert etwa 20 Minuten).
Hitze hochdrehen, die Zwiebeln an den Pfannenrand schieben und die Pilze in derselben Pfanne in zwei Partien anrösten. Mit Ouzo ablöschen, verkochen lassen und 2 bis 3 EL Wasser zusammen mit der Hälfte der Fenchelblüten (¼ TL) dazugeben. Salzen und pfeffern. Warmstellen.

Die Fisolen im Dampf 10 bis 15 Minuten bissfest garen, salzen und pfeffern, mit etwas Olivenöl beträufeln und warmstellen.
Währenddessen die Reiswaffeln grob zerbröseln und in Olivenöl knusprig rösten.

Die knusprig gerösteten Reiswaffelbrösel mit den Pilzen und dem restlichen ¼ TL Fenchelblüte mischen, auf den Fisolen verteilen und servieren.

Wer wegen der Farbe der Fisolen lieber auf Nummer sicher gehen will, weil eben nur knallgrüne Fisolen wirklich schön sind, blanchiert diese mit einer Prise Natron für etwa 7 bis 9 Minuten in kochendem Salzwasser und schreckt die Fisolen dann eiskalt ab. Anschließend kann das Gemüse schonend wieder erwärmt werden, ohne dass es seine Farbe verliert.
Ich mag das Gericht am liebsten lauwarm und bereite es öfter zu, wenn wir eine mittelgroße Freundesrunde sind. Zusammen mit ein paar anderen kleinen Gerichten und einem großen Korb mit gutem Brot stelle ich alles zum Teilen in die Mitte des Tisches und kann mich gemütlich der Unterhaltung und dem Essen widmen, ohne immer wieder aufstehen zu müssen.

Pappardelle mit Fenchelblüte und Merluza

Das Wichtigste bei diesem Gericht ist die Sauce. Sie trägt das Aroma, bringt – auch ganz ohne Obers – eine wunderbare Konsistenz, und sorgt dafür, dass die Pasta nicht klebt. Man braucht davon recht viel, damit es wirklich elegant wird, wundern Sie sich also nicht über die angegebenen Mengen.

ZUTATEN

	SAUCE
2 EL	Olivenöl
2	Schalotten, fein gewürfelt
1	Knoblauchzehe, angequetscht
3 EL	Pastis oder Ouzo
8 EL	Noilly Prat (Wermut)
2 TL	Fenchelblüte
1 Liter	Hühnerfond
1	kleine Karotte, in dünne Scheibchen geschnitten
2 Msp.	Kurkuma
2 Msp.	Currypulver, mild
2 EL	kalte Butter in kleinen Stückchen
	Salz
	Pfeffer
400 g	Pappardelle
150 g	Merluza ohne Haut, oder ein anderer fester weißer Fisch wie z.B. Kabeljau
	Fenchelgrün, gehackt
	Olivenöl

ZUBEREITUNG

Sauce: Schalotten und Knoblauch in Olivenöl anschwitzen.
Mit Pastis und Noilly Prat ablöschen, Fenchelblüte dazugeben und auf ⅓ der Ausgangsflüssigkeit reduzieren. Karotte, Kurkuma und Currypulver hinzufügen und mit Hühnerfond aufgießen – nochmals auf etwa ⅓ reduzieren, anschließend die Butter mit dem Schneebesen unterrühren. Mit Salz und Pfeffer abschmecken.

Pappardelle in reichlich Salzwasser al dente kochen.
Währenddessen das Fischfilet in der heißen Sauce zugedeckt garziehen lassen, aber nicht kochen. Ist der Fisch durch, wird er mit zwei Gabeln in kleine Stücke zerteilt. Knoblauchzehe entfernen.

Pasta abgießen und dabei ein Glas Kochwasser aufbehalten. Nudeln unter die Sauce mischen und so viel Kochwasser hinzufügen, dass eine leichte cremige Konsistenz entsteht. Abschmecken, mit gehacktem Fenchelgrün bestreuen und mit Olivenöl beträufeln.

Statt Pappardelle sind auch Orecchiette oder Farfalle geeignet, weil sie Sauce und Fischstückchen gut aufnehmen. Statt Fenchelgrün kann auch ein wenig Dill auf das fertige Gericht gestreut werden.

Salsiccia

Sobald ich einmal in Italien richtig gute Salsiccia gegessen hatte, wollte ich sie natürlich auch zu Hause haben. Leider ist es bei uns immer noch recht schwierig, diese wunderbare rohe Bratwurst im Handel zu finden. Und dann noch mit der Fenchelblütenwürzung – fast unmöglich. Also musste ich sie selbst herstellen. Es brauchte einige Versuche bis zur vorliegenden Endversion, die allerdings sehr beliebt ist.

Man denkt natürlich gleich, dass Wurst machen unglaublich kompliziert wäre, vor allem das Füllen der meterlangen Därme ... auch mich hat diese Vorstellung für einige Zeit abgeschreckt. Als ich aber realisierte, dass die Gerichte, die ich damit kochen wollte, allesamt eine hautlose, zerbröselte Wurstmasse verlangen, war ich beruhigt und konnte mich an die Arbeit machen. Später lernte ich mit viel Vergnügen, dass auch das Wurstfüllen keine Hexerei ist.

ZUTATEN

400 g	Schweinsschopf
300 g	Schweinebauch, ohne Schwarte
2	Thymianzweige, Blättchen abgezupft oder ½ TL getrockneter Thymian
2 TL	Fenchelblüte
1 TL	Salz
½ TL	Pfefferkörner, gemörsert
1	Lorbeerblatt, zerbröselt
2 EL	Olivenöl

ZUBEREITUNG

Fleisch in Würfel schneiden, mit den grob zerkleinerten Gewürzen und dem Olivenöl in einem Tiefkühlbeutel gut durchmischen und über Nacht, beziehungsweise mindestens 8 Stunden lang, gekühlt marinieren lassen.

Anschließend durch die grobe Scheibe des Fleischwolfs drehen. Und das war es auch schon – da die Salsiccia für die Rezepte in diesem Buch immer zerkrümelt wird, muss die Wurstmasse nicht in einen Schafsdarm gefüllt werden.

Nur wenn man echte Würste erzeugen will, die auch so ausschauen wie Würste, wird die Masse mit dem Wurstaufsatz der Faschiermaschine in den vorbereiteten Schafsdarm gefüllt und abgebunden.

Die Würzung dieser Salsiccia ist durch die Fenchelblüte deutlich und gleichzeitig subtil. Für mich perfekt. Wer es kräftiger mag, gibt **1 TL gemörserte Fenchelkörner**, **Chili** nach Belieben und **1 bis 2 geschnittene Knoblauchzehen** dazu. Sollten Sie keine Faschiermaschine besitzen und Ihre Küchenmaschine für diese Aufgabe nicht geeignet sein, lassen Sie sich das Fleisch beim Fleischhauer faschieren und würzen nachher. Das ist nicht dasselbe, aber dennoch eine gute Möglichkeit.
Was nicht gleich verwendet wird, lässt sich sehr gut in kleinen Portionen für etwa. 3 Monate im Tiefkühler aufbewahren. Wenn Sie das Füllen der Würste einmal probieren wollen, kann ich Sie wirklich beruhigen – es ist leichter als man denkt. Man muss bei einem Fleischhauer einige Meter Schafsdarm bestellen. Ausserdem wird eine Faschiermaschine mit Aufsatz zum Wurstfüllen benötigt.

Konfierte Datteltomaten

Diese besonders fruchtig-aromatischenTomaten gehören zu den Geheimwaffen in meiner Küche. Sie schmecken wie Fruchtbonbons und sind mit gewöhnlichen getrockneten Tomaten nicht zu vergleichen. Deshalb habe ich meistens einen kleinen Vorrat im Tiefkühler griffbereit. Ich verwende sie für die Liebstöckelgnocchi (S. 96) und bei den Lammstelzen mit Safranfenchel (S. 184). Sie werden merken, dass Sie viele weitere Gerichte damit aufpeppen können – zum Beispiel Pasta, Gemüse, Salat oder Käse.

ZUTATEN

500 g	Datteltomaten, längs halbiert
½ TL	Salz
1 TL	Staubzucker
2 EL	Butterschmalz oder Olivenöl
½ TL	Fenchelblüte

ZUBEREITUNG

Ofen auf 100 °C vorheizen.

Die Tomaten mit den Schnittflächen nach oben auf ein mit Backpapier ausgelegtes Blech geben. Salzen und leicht mit gesiebtem Staubzucker bestäuben.
Mit flüssigem Butterschmalz oder Olivenöl beträufeln und mit Fenchelblüte bestreuen.
Für etwa 3 Stunden im Ofen lassen, die Backofentür dabei mit einem eingeklemmten Holzlöffel einen winzigen Spalt offen halten. Nach dem Auskühlen sind die Tomaten im Kühlschrank 2 bis 3 Tage haltbar.

Zum Einfrieren sollten Sie die Tomaten einzeln vorfrieren, damit sie nicht zusammenkleben. Dazu die Tomaten auf einem Tablett ausbreiten, das in den Tiefkühler passt. Dann in Tiefkühlbeutel verpacken und einfrieren.

Man kann auch größere Tomaten konfieren. Am besten eignen sich sogenannte Eiertomaten, die etwas länglich sind und weniger Saft und Kerne besitzen: Tomaten an der Spitze kreuzweise einritzen und in kochendem Wasser so lange liegen lassen, bis sich die Haut leicht ablöst. Herausnehmen, kalt abschrecken und die Haut abziehen. Tomaten halbieren, Strunk herausschneiden, Kerne herausdrücken. Schalen und Kerne der Tomaten können weiterverwendet werden, etwa für eine Tomaten-Fenchel-Emulsion (S. 130). Dazu in ein hohes Gefäß füllen und beiseitestellen.
Die geschälten, entkernten Tomaten vierteln und mit den Schnittflächen nach oben auf ein mit Backpapier ausgelegtes Blech legen. Weiter verfahren wie im Rezept angegeben. Achtung: Fleischtomaten sind zum Konfieren nicht geeignet!

Nockerln mit Salsiccia und Fenchel

Nockerln sind für mich etwas sehr Bodenständiges und Salsiccia ebenso. Deswegen finde ich, dass die beiden einander herrlich ergänzen. Der geröstete Fenchel unterstreicht das Aroma der Fenchelblüte und Chili steuert eine feine Schärfe bei, die immer wieder zwischen den anderen Geschmäckern hervortritt.

ZUTATEN

NOCKERLTEIG

400 g	griffiges Mehl
250 ml	Wasser
1 Ei	(optional)
¼ TL	Salz

200–250 g	Salsiccia (S. 136)
½	Fenchelknolle, klein gewürfelt
1	frische oder getrocknete Chilischote, entkernt und fein gehackt
1 EL	Butter
	Fenchelgrün

ZUBEREITUNG

Alle Zutaten für die Nockerln zu einem zähen Teig verrühren und etwas rasten lassen. In einem weiten Topf 2 Liter Wasser zum Kochen bringen und salzen.

Salsiccia grob zerkrümeln und bei mittlerer Hitze in Olivenöl zusammen mit den Fenchelwürfeln langsam knusprig rösten. Zum Schluss Chilischote nach Belieben hinzufügen und kurz mitbraten. Mit Salz und Pfeffer abschmecken.

Den fertigen Nockerlteig auf ein nasses Holzbrett geben und mit dem Messerrücken mittelgroße längliche Nockerln ins kochende Wasser schaben. 5 bis 7 Minuten ziehen lassen, bis die Nockerln an der Oberfläche schwimmen. Abseihen und rasch mit der Butter zu Salsiccia und Fenchel in die Pfanne geben, unter Rühren 2 bis 3 Minuten braten.

Mit Fenchelgrün bestreut servieren.

Wenn Sie Salsiccia wirklich lieber kaufen wollen oder müssen, bekommen Sie diese am ehesten in italienischen Feinkostläden. Ist in der fertigen Wurst keine Fenchelblüte enthalten, geben Sie beim Anrösten in der Pfanne 1 TL Fenchelblüte dazu.
Anhänger von „low carb“ oder „no carb“ können das Gericht mit Zucchininudeln, auch „Zoodles“ genannt, zubereiten. Mit einem speziellen Gemüseschneider, den es für wenig Geld in allen Haushaltswarengeschäften gibt, kann man im Handumdrehen Zucchini in Spaghetti verwandeln. Diese brät man etwa eine Minute lang mit Olivenöl in einer weiten Pfanne an, um sie dann mit der vorbereiteten Sauce, dem Gemüse, Fisch oder – wie hier – der Salsiccia zu servieren.

R.L.

Lammkebab mit Fenchelblütentsatsiki

Lämmer und Fenchelstauden teilen oft den gleichen Lebensraum und harmonieren auch sonst fein miteinander. Besonders aromatisch wird das Gericht, wenn das Fleisch um getrocknete Fenchelstängel aus der eigenen Ernte gewickelt wird. Diese geben eine Extraportion Geschmack und Duft.

ZUTATEN

TSTATSIKI

1	Becher Crème fraîche
½	Becher Sauerrahm
	Salz
½ TL	Fenchelblüte
8	Fenchelstängel oder Holzspieße

KEBAB

400 g	Lammfleisch, faschiert
	Olivenöl
1	Schalotte, gehackt
3	Scheiben Toastbrot
	Salz
	Pfeffer
¼ TL	Fenchelsamen, gemörsert
1	Gurke, geschält, entkernt, in Stifte geschnitten
	Zitronensaft

ZUBEREITUNG

Tsatsiki: Crème fraîche und Sauerrahm verrühren, leicht salzen und die Fenchelblüten dazugeben. Mindestens 1 Stunde ziehen lassen.

Fenchelstängel oder Holzspiesse ca. 30 Minuten in kaltem Wasser einweichen.

Kebab: Schalotte in Olivenöl anrösten. Die entrindeten Toastbrotscheiben in Wasser einweichen und ausdrücken. Faschiertes mit der Schalotte, den Gewürzen und dem Brot verkneten und um die Fenchelstängel wickeln. Gut festdrücken.
Mit Olivenöl langsam in der Pfanne oder auf dem Grill rundherum braun braten. Gurke mit etwas Zitronensaft beträufeln, salzen und pfeffern.

Kebab mit Tsatsiki und Gurkensticks anrichten und servieren.

Fenchelblüten sind sehr zart und entfalten ihr volles Aroma erst nach einigen Stunden. Deshalb das Tsatsiki entweder lang genug vorher anrühren oder, wenn keine Zeit ist, extra angemörserte Fenchelblüte verwenden. Der Geschmack wird freigesetzt, wenn man auf ein Körnchen beißt.
Für eine milchfreie Tsatsikivariante nimmt man am besten Kokosjoghurt und verdünnt dieses mit etwas Wasser und einem Spritzer Zitrone, um es säuerlicher zu machen.

1x Lamm
kebab

Kalbspariser mit Limette und Buttergurken

Es wäre jammerschade, Gurken auf ihre Rolle im griechischen Salat und im Sauerrahm mit Knoblauch zu reduzieren. Warm und mit Butter entwickeln sie ein subtiles Aroma, das einem sonst völlig verborgen bliebe und das mit der Fenchelblüte eine herrliche Verbindung eingeht. Es gibt nur einen heiklen Punkt: die Gurken dürfen nicht zu weich werden, sondern müssen noch Biss und Frische haben.
Die Kalbsschnitzel bekommen durch die Limettenzeste in der Eihülle einen frischen Twist.

ZUTATEN

BUTTERGURKEN

2	Gurken
2 EL	Butter
1 TL	Fenchelblüte, gemörsert
	Salz
	Pfeffer
	einige Spritzer Limettensaft

FLEISCH

600 g	Kalbsschnitzel
	Salz
2	Eier
1	Limette, Zesten gehackt
100 g	Mehl
250 g	Bio-Palmfett zum Backen
1	Limette, geviertelt

ZUBEREITUNG

Buttergurken: Gurke so schälen, dass vereinzelt grüne Streifen von der Schale übrigbleiben, längs halbieren, entkernen und quer in 1 cm dicke Scheiben schneiden.

Butter in einer weiten Pfanne aufschäumen lassen, Fenchelblüte und Gurken dazugeben, etwa 3 Minuten dünsten. Salzen, pfeffern und mit etwas Zitrone abschmecken. Weiter dünsten bis zur gewünschten, leicht knackigen Konsistenz – achten Sie darauf, dass die Gurken nicht zu weich werden! Bis zum Servieren warmstellen.

Fleisch: Die Schnitzel zart klopfen und salzen.
In einem Suppenteller die Eier zusammen mit den Limettenzesten verquirlen.
Mehl auf einen Teller geben.
Fett in einer weiten Pfanne heiß werden lassen.
Fleisch zuerst im Mehl und anschließend im verquirlten Ei wenden.
Im heißen Fett goldbraun backen. Dabei immer wieder die Pfanne rütteln.

Auf Küchenpapier abtropfen lassen und mit den Buttergurken und einem Stück Limette anrichten.

Für eine milchfreie Zubereitung der Gurken verwenden Sie am besten Butterschmalz. Die Schnitzel wenden Sie bei Bedarf in glutenfreiem Mehl.

Frischer Ziegenkäse mit Fenchelblüte und Ingwerbirne

Ein schnelles und einfaches Gericht – doch in Kombination mit der saftig-exotischen Birne wird es geradezu ein glamouröser Auftritt für die Fenchelblüte! Hier kommt sie perfekt zur Geltung. Mit jedem Biss zerplatzen einige Körnchen im Mund und hinterlassen bleibenden Eindruck.

ZUTATEN

4	kleine Birnen mit Stiel, geschält
100 g	Zucker
300 ml	Wasser
3 cm	Ingwer, in dünnen Scheiben
½	Zitrone
200 g	Ziegenfrischkäserolle
1–2 TL	Fenchelblüten, gemörsert

ZUBEREITUNG

Birnen in Zuckerwasser zusammen mit den Ingwerscheiben und dem Zitronensaft kochen, bis sie weich sind. Im Sud abkühlen lassen.

Ziegenkäse in Stücke schneiden. Auf einer Seite mit Fenchelblüte dicht bestreuen und mit der abgetropften Birne servieren.

Beim Einkauf darauf achten, dass der Ziegenfrischkäse nicht gereift ist, sondern noch ein zartes Aroma hat!

Zabaglione mit Fenchel-Birnen-Kompott und Cantuccini mit Fenchelblüte

Alle drei Komponenten dieses Desserts enthalten Fenchelblüte und sind jede ganz für sich wunderbar. Zusammen ergänzen sie einander in ihren Qualitäten cremig – saftig – knusprig und gehen gleichzeitig eine sinnvolle Symbiose ein – für die Zabaglione braucht man Eidotter und für die Cantuccini Eiklar.

ZUTATEN

CANTUCCINI

4	Eiklar
80 g	Zucker
100 g	Mandeln, gemahlen
40 g	Mehl
60 g	Butter
2 EL	Ouzo oder Pastis
1½ TL	Fenchelblüte

FENCHEL-BIRNEN-KOMPOTT

1	kleine Fenchelknolle, ca. 250 g
1 Stück	Zitronenschale
2	mittelgroße reife Birnen, ca. 300 g
1 Msp.	Vanille
3 EL	Honig
¼	Zitrone, Saft
1	Handvoll getrocknete Cranberries
½ TL	Fenchelblüte
2 EL	Ouzo
	Zitrone

ZABAGLIONE

6 EL	Ouzo
3 TL	Zucker
1 TL	Fenchelblüte
1	Spritzer Zitrone
6	Eidotter
6 EL	Zucker

ZUBEREITUNG

Cantuccini: Ofen auf 170 °C vorheizen.
Butter bei mittlerer Hitze schmelzen, langsam weiter erhitzen, bis sie zart braun wird und zu duften beginnt. Von der Herdplatte nehmen, etwas abkühlen lassen, Pastis und Fenchelblüte einrühren. Möglichst lange ziehen lassen.
Eiklar und Zucker schaumig schlagen, Mandeln und Mehl unterheben und die Butter vorsichtig einrühren.
Masse ungefähr 1½ bis 2 cm hoch in eine gefettete, gemehlte Kastenform füllen und 15 bis 20 Minuten zart goldbraun backen. Eventuell brauchen Sie eine zweite Kastenform.
Noch warm aus der Form stürzen und quer in 1 cm breite Streifen schneiden. Diese Cantuccini sind weich, aromatisch und schmelzen im Mund. Für mehr Kruste einfach 10 Minuten länger backen oder, wenn die Cantuccini hart und haltbar sein sollen, 60 Minuten bei 70 °C Heißluft trocknen lassen.

Fenchel-Birnen-Kompott: Fenchel halbieren und in kleine Würfel schneiden. In einem mittelgroßen Kochtopf knapp mit Wasser bedecken, die Zitronenschale hinzufügen und langsam weichköcheln lassen.
Die Birnen ebenfalls klein würfeln und nach 6 bis 7 Minuten zum Fenchel geben. Wenn alles beinahe weich ist, Vanille, Honig, Fenchelblüte, Ouzo und Cranberries hinzufügen, mit Zitronensaft kräftig abschmecken. Abkühlen lassen.

Zabaglione: In einem mittelgroßen Topf ca. 5 cm hoch Wasser für ein Wasserbad zum Kochen bringen. Währenddessen in einem kleinen Kochtopf Ouzo und Zucker aufkochen, eine Minute kochen lassen. Abdrehen. Fenchelblüte und Zitrone hinzufügen, verrühren und abkühlen lassen.
In einer Rührschüssel den Eidotter und den Zucker gründlich verrühren und die Schüssel auf den Topf mit dem Wasserbad setzen. Hitze ganz zurückdrehen. Die Eiermasse mit dem Handmixer langsam aufschlagen bis sie beginnt, hell zu werden. Den Ouzo dazugeben und weiterschlagen, bis die Masse ganz hellgelb wird und eine cremige Konsistenz bekommt. Dabei die Rührschüssel immer wieder etwas anheben, damit die Eimasse nicht zu heiß wird.

Kompott in Gläser füllen und die Zabaglione darauf verteilen. Lauwarm servieren. Cantuccini extra dazugeben.

Die übrig gebliebenen Eiklar lassen sich auch tadellos einfrieren und können nach dem Auftauen genauso verwendet werden, wie frisches Eiklar. Eine anderes Rezept mit Eiklar sind die Financiers (S. 238).

Rose

Wenn mir in einem Restaurant ein Gericht mit Rosenblüten serviert wird, bin ich vorerst immer ganz glücklich, weil die Blüten so schön sind. Meistens haben sie dann aber leider keine Funktion, sondern wurden zur Dekoration degradiert, und das macht mich traurig. So entstand der Wunsch, diese wunderbaren, duftenden, magischen Blüten in Gerichten so strahlen zu lassen, wie sie es verdient haben. Natürlich kenne ich Rezepte aus der orientalischen Küche – sehr oft sind es Süßspeisen, die mit Rosenwasser hergestellt werden. Und ich denke, das ist auch der Grund, weswegen manche Menschen bei der Erwähnung von Rosenblüte schon gern einmal abwinken. Das Rosenwasser ist nämlich meist zu penetrant und künstlich und damit wenig geeignet für Esser, die natürliche Aromen bevorzugen.

Ich arbeite ausschließlich mit getrockneten Rosenblüten. Sie kommen von der Duftrose oder der Damaszenerrose und besitzen ein sehr deutliches, dennoch aber unaufdringliches und vielschichtiges Aroma. Sie sind vornehm, verführerisch, facettenreich, zauberhaft. Warum keine frischen Blüten? Weil Rosen zu den Pflanzen gehören, bei denen das Aroma im getrockneten Zustand noch intensiver und stabiler ist.

Durch Maryam, die wunderbare Fotografin dieses Buches, hatte ich keinen Mangel an tollen Rosenblüten aus Persien, mit denen uns ihre Mutter regelmäßig versorgte – danke!
Zum Glück konnte ich aber auch ausgezeichnete Rosenblüten aus Österreich und Deutschland auftreiben, oft sogar aus biologischem Anbau.
Herrlich war das Einschmecken in die Blüten. Den Geschmack in all seinen Facetten kennenzulernen, um mögliche aromatische Verbindungen ausloten zu können, war eine unglaublich genüssliche Aufgabe. An unseren Verkostungsabenden probierten wir Rosenblüten zu den scheinbar unglaublichsten Dingen, die sich dann als gar nicht so abwegig, sondern im Gegenteil als sensationelle Kombinationen herausstellten. Das Ziel war ja gerade, die Rosenblüte aus der Dessert-Schublade herauszuholen und ihr mehr Platz am kulinarischen Horizont einzuräumen. Sie passt nämlich zu allem Möglichen: Zu Gemüsen und Salaten, in Pickles oder Risotto, zu Fleisch und Fisch, kalt warm, süß, sauer … und so landete die Rosenblüte schließlich auch beim Schwein und wurde mit zum Namensgeber dieses Buches.

Basiszubereitungen
Weil Rosenblüten getrocknet ideal zu verwenden sind, braucht es in diesem Kapitel kaum Basiszubereitungen.
Einzig das Rosenblütengewürz mit Rosmarin wird oft benötigt – es ist schon ein lustiger Zufall, dass Rosenblüte und Rosmarin mit ihrem gemeinsamen Wortstamm auch so viel aromatische Gemeinsamkeiten haben und einander wunderbar ergänzen.
Die schlichtweg beste Trägersubstanz für Rosenblüte ist Fett. Braune Butter oder auch gebräuntes Butterschmalz (S. 14) sind eine fantastische Grundlage für das Gewürz oder für gehackte Rosenblüten pur. Ölzubereitungen hingegen bringen keine interessanten Ergebnisse, Essig allerdings ist durchaus einen Versuch wert, wie das Rezept für Rosenshrub zeigt (S. 154).

Verarbeitung von getrockneten Rosenblüten
Selbst im getrockneten Zustand tendieren Rosenblüten zu einer etwas zähen Konsistenz, die sich dem Zerbröseln und Mörsern eher widersetzt. Deswegen gebe ich die Blüten bei 70 °C für 10 bis 15 Minuten in den Ofen (Ofentüre mit einem Kochlöffel einen Spalt offen halten), bis sie rascheltrocken sind. Dann sind sie ganz einfach zu verarbeiten und es duftet überall zart nach Rose.
Zum Hacken müssen die Rosenblüten nicht vorgetrocknet werden.

Rosengewürz

Rose und Rosmarin – ein schönes Paar, nicht nur durch das Wortspiel, sondern auch in ihrer geschmacklichen Ergänzung. Rose und Rosmarin spielen harmonisch zusammen, Pfeffer mischt sich dazwischen mit ein wenig schärferen und rauchigen Noten ein und das Salz verstärkt alles. Klingt wie ein Konzert, ist es auch.

ZUTATEN

6 TL	Roseblüten, getrocknet
¾ TL	Rosmarin, getrocknet
1½ TL	Salz, am besten Fleur de Sel oder Maldon Salt
½ TL	schwarze Pfefferkörner

ZUBEREITUNG

Die Rosenblüten im Ofen bei 70 °C etwa 10 bis 15 Minuten trocknen, bis sie leicht zu zerbröseln sind.

Die Pfefferkörner grob mörsern, Rosmarin hinzugeben und zerkleinern. Zuletzt Salz zwischen den Fingern zerdrücken und mit den zerbröselten Rosenblüten und den anderen Zutaten mischen.

Sie können auch alles in der Küchenmaschine zerkleinern. Das ist nicht so subtil und auch nicht gut steuerbar – daher auch nicht meine erste Wahl – geht dafür aber schnell.

Ein trockenes Gewürz wie dieses hält im Schraubdeckelglas einige Monate, also würde ich immer eher mehr davon zubereiten.

Als kleiner **Knuspersnack** ist das Rosengewürz köstlich: Zuerst **eine Handvoll Sonnenblumenkerne** in einer trockenen Pfanne bei mittlerer Hitze so lange bräunen, bis sie zu duften beginnen und in eine Schüssel leeren. Die Pfanne trocken auswischen, **zwei Handvoll große Kokoschips** hineingeben und goldbraun rösten. Nach Geschmack **Rosengewürz** (etwa ½ TL) darüberstreuen, durchschwenken und zu den Sonnenblumenkernen in die Schüssel füllen. Nochmals vorsichtig durchmischen, abkühlen lassen und in ein Schraubdeckelglas füllen.

Rosenshrub

Auch als Drinking Vinegars bezeichnet, sind Shrubs die saure Version eines Fruchtsirups, die mit Wasser verdünnt zu einem sehr erfrischenden Getränk werden.

Die Idee, Essig als Zusatz oder Grundlage für ein Getränk zu verwenden, ist nicht neu. Von Babylon über Rom bis zu den Seefahrern der Kolonialzeit gab es zahlreiche Varianten, die meist darauf abzielten, das Trinkwasser besser und vor allem sicherer zu machen. Später konservierte man so auch Früchte, doch diese Methode geriet im Laufe der Zeit wieder in Vergessenheit.
In den letzten Jahren tauchen die Shrubs wieder öfter auf, in hippen Lokalen, Cocktailbars und auf kreativen Speisekarten. Das Prinzip ist denkbar einfach: Man versetzt Früchte oder Kräuter mit Essig, lässt sie stehen, seiht ab und fügt Zucker hinzu.
Hier gibt es natürlich viele Spielarten – oft wird die Zubereitung gekocht, was ich schade finde und vermeide. Auch die meist empfohlenen relativ großen Zuckermengen verwende ich nicht. Der Shrub in diesem Rezept ist im wahrsten Sinn des Wortes ein Drinking Vinegar. Er wird nicht gesüßt.

ZUTATEN

200 ml	Condimento Balsamico bianco
6 EL	Rosenblüten
200 ml	Wasser
1 TL	Zitronensaft

ZUBEREITUNG

Essig zusammen mit den Rosenblüten in ein Schraubdeckelglas geben und 1 bis 2 Tage bei Zimmertemperatur stehenlassen. Abseihen, Wasser und Zitronensaft hinzufügen und in eine Flasche abfüllen.

Getränk: In ein Glas ca. 2 cm hoch Rosenshrub geben und mit Mineralwasser oder Leitungswasser – oder halb und halb – nach Geschmack auffüllen. Wenn es süßer sein soll, etwas Zucker, Agavendicksaft oder Ahornsirup in das fertige Getränk geben.

In diesem Buch sind noch zwei andere Essigzubereitungen zu finden, die man ebenfalls verdünnen und trinken kann: **Holunderessig** (S. 16) und **Feigenblattessig** (S. 64).
Für einen **Fruchtshrub** benötigt man **zwei Tassen Früchte** (meist Beeren, zerkleinert oder zerquetscht) und **zwei Tassen Essig.** Dieser Ansatz wird etwa 1 bis 2 Tage stehengelassen und anschließend durch einen Teefilter abgeseiht. Dann **eine Tasse Zucker** mit der Hälfte des Essigs erwärmen, um den Zucker aufzulösen und dann mit der zweiten Hälfte des Essigs mischen. Sie können den Zuckergehalt erhöhen aber auch reduzieren. In eine saubere Flasche füllen und kühl aufbewahren.
Die übriggebliebenen Früchte kann man für ein Chutney weiterverwenden.

Rosen-Rüben-Pickles

Normalerweise sind rote Rüben an den rustikalen Kren im Salat gewöhnt. Rosenblüten geben ihnen eine unerwartet elegante Richtung.
Diese Pickles passen zu Linsen und anderen Hülsenfrüchten, zu Blinis oder Kartoffelpuffern – mit oder ohne Räucherlachs, aber unbedingt mit Sauerrahm – zu gekochten Kartoffeln mit Leinöl, zu knusprigen Süßkartoffelwedges (S. 216), zu geräuchertem Schinken und den meisten gebratenen Fleischsorten, zu Ente, Schweinebauch und Wild … auch auf einer Brettljause freut man sich über den süßsauren Kick.

ZUTATEN

4	kleine rote Rüben
120 ml	Condimento Balsamico bianco
60 ml	Wasser
1 ½ EL	Zucker
½ TL	Salz
½ TL	Rosengewürz (S. 152)
1 EL	getrocknete Rosenblüten, gehackt

ZUBEREITUNG

Die Rüben 15 bis 20 Minuten kochen, schälen, halbieren und längs in je 6 Spalten schneiden oder klein würfeln. Mit Rosenblüten in ein verschließbares Glas füllen. Essig, Zucker, Salz und Rosengewürz zusammen erhitzen und in das Glas gießen – die Rüben müssen komplett bedeckt sein.

Verschließen und mindestens einige Stunden durchziehen lassen.

Je kleiner die Rüben geschnitten werden, desto besser fügen sie sich in andere Gerichte ein, etwa als Beigabe zu einem Lachstatar oder zu Ceviche. Auch als Tsatsikiabwandlung in Joghurt gerührt durchaus zu empfehlen.
Ich mag es, wenn die Rüben noch deutlich Biss haben. Wenn sie weich sein sollen, müssen sie mindestens 30 Minuten gekocht werden.

Polenta mit Lardo und Rosengewürz

In einer Trattoria bei Udine bekam ich erstmals Polenta mit Lardo serviert – mir wäre das nicht eingefallen, weil ich die Kombination für zu üppig gehalten hätte. Aber es war einfach fantastisch! Schmelzend und buttrig – eine schöne Grundlage für das Rosengewürz.
Wichtig ist der feine Polentagrieß, nicht zu verwechseln mit Schnellkochpolenta, die ich nicht überzeugend finde. Mit Grieß und Wasser im Verhältnis 1:3 wird es eine schnittfeste Polenta, die sich gut zum Ausstechen und Braten eignet. Mit 1:4 bekommt man eine cremige Konsistenz.

ZUTATEN

1 Tasse	Polentagrieß, fein
½ TL	Salz
2 EL	Butter
1–2 EL	Butter oder Butterschmalz
50 g	Lardo, in hauchdünnen Scheiben
	Rosengewürz (S. 152)

ZUBEREITUNG

Ofen auf 120 °C vorheizen.

3 Tassen Wasser zum Kochen bringen, Salz und Polentagrieß in einem Schwung in das Wasser geben und dabei ständig rühren – so verklumpt nichts. Butter untermischen und den Topf zugedeckt für etwa 10 Minuten in den Ofen stellen.

Ein Backblech kalt abspülen und die Polenta gleichmäßig darauf verstreichen. Kalt werden lassen.
Aus der Polenta beliebige kleine Formen ausstechen oder ausschneiden und diese in Butter braten und etwas abkühlen lassen.
Lardo passend zuschneiden. Die Polenta damit belegen und mit Rosengewürz bestreuen.

Lauwarm servieren.

Sieht als Fingerfood sehr hübsch aus, lässt sich aber auch gut als Vorspeise mit einem kleinen Salat, der ruhig auch etwas bitter sein darf, servieren.

Tajine mit Rosenblüte und Angler

Ganz ehrlich, ich hätte nicht gedacht, dass Fisch und Rosenblüte ein Paar werden können. Aber die Vermittlung von Ras el Hanout, einer orientalischen Gewürzmischung, die übrigens neben vielen anderen Gewürzen meist auch Rosenblüten enthält, macht es nicht nur möglich, sondern sogar ziemlich exquisit. Das Servieren in der Tajine – wenn Sie eine besitzen – ist ein zusätzliches Highlight.

ZUTATEN

GEMÜSE

2	Knoblauchzehen
2	kleine Zwiebeln
	Olivenöl
4	Karotten, mittelgroß
2	kleine Fenchelknollen
1 EL	Ras el Hanout
4 cm	Ingwer, geschält und kleingehackt
	Salz, Pfeffer
1–2 TL	Ahornsirup

ROSEN-NUSS-BUTTER

4 EL	Rosenblüten
2	Handvoll Mandelstifte
4 EL	Butter
¼ TL	Salz

REIS

4	Mokkatassen Basmatireis

FISCH

800 g	Angler (Seeteufel)
1	Spritzer Zitrone
	Salz
2	Handvoll Weintrauben

ZUBEREITUNG

Gemüse: Knoblauchzehen andrücken, Zwiebeln längs achteln und beides in Olivenöl andünsten. Die Fenchelknollen ebenfalls längs achteln, Karotten in größere Stücke schneiden und zusammen mit Ras el Hanout und dem Ingwer zu den Zwiebeln geben. Salzen und pfeffern.
Sofern vorhanden, in eine lebensmittelechte Tajineform umfüllen, mit Wasser knapp bedecken und langsam zugedeckt bissfest garen. Andernfalls kann dieses Gericht genauso gut in einem Schmortopf mit Deckel zubereitet werden.

Rosen-Nuss-Butter: Währenddessen die Rosenblüten fein hacken. Mandelstifte in einer Pfanne trocken rösten. Butter, Salz und die Rosenblüten dazugeben und einige Minuten sanft köcheln lassen bis die Butter zu bräunen beginnt. Beiseitestellen.

Reis: Basmatireis unter kaltem Wasser gut abspülen. Mit 6 Mokkatassen Wasser in einen weiten flachen Topf geben, aufkochen, Hitze auf kleine Stufe zurückdrehen und dünsten, bis das Wasser fast zur Gänze verdampft ist. Herdplatte abdrehen, ein gefaltetes Geschirrtuch unter den Deckel geben und Reis ausdampfen lassen. Vor dem Servieren mit einer Gabel auflockern.

Fisch: Salzen, mit Zitrone beträufeln und auf das Gemüse setzen. Zugedeckt auf kleiner Flamme garziehen lassen. In den letzten 3 Minuten die halbierten Trauben dazugeben.

Vor dem Servieren die Rosennussbutter nochmals erhitzen, dabei darauf achten, dass sie nicht zu dunkel wird. Den Fisch mit der Hälfte der Butter begießen, die andere Hälfte über den Reis geben.

Ras el Hanout bekommt man in spezialisierten Gewürzhandlungen – man kann es aber auch selbst machen, was viel besser schmeckt als die meisten gekauften Mischungen. Machen Sie unbedingt gleich mehr davon, es ist die gleiche Arbeit und das fertige Gewürz ist lange haltbar. Die Menge reicht für eine Tajine für 8 Personen.
1 TL Kreuzkümmelsamen, 1 TL Koriandersamen, ½ TL schwarze Pfefferkörner, ½ TL Gewürznelken, ½ TL grüne Kardamomsamen. Außerdem **1 Prise Safran, mit etwas Zucker fein zerrieben, 1 TL Ingwerpulver, Cayennepfeffer (optional) ⅓ TL frisch geriebene Muskatnuss, 1 TL getrockneter Thymian, ½ TL Galgant (optional), 1 EL Rosenblüten gehackt.** Die ersten 5 Zutaten in einer Pfanne trocken rösten, in der Gewürzmühle mahlen und mit den anderen Gewürzen in einem Schraubdeckelglas mischen.

Brettljause mit Schweinebraten und Rosenblüte

Die Idee für diese Zusammenstellung wurde geboren, als wir das Rosengewürz probierten, das ich gerade ausgetüftelt hatte. „Womit kombinieren?“ – diese Frage hing noch ungelöst im Raum, als plötzlich Maryam, für die Schweinefleisch nur ganz am Rande existiert, meinte: „Das müsste eigentlich gut mit einem Schweinebraten gehen“. Und genau so war es auch – geschmacklich wie auch optisch eine erstaunliche Harmonie.

ZUTATEN

1 kg	Schweinskarree
3 ½ TL	Rosengewürz, geteilt
500 g	Schweinebauch, Schwarte eingeschnitten
2 EL	Rosenblüten, getrocknet
	zusätzliches Rosengewürz (S. 152)

ZUBEREITUNG

Ofen auf 80 °C vorheizen.

Schweinskarree etwa 10 Minuten lang rundherum anbraten, bis auch die obere Fettschicht gut gebräunt ist. Herausnehmen, mit 3 TL Rosengewürz gründlich einreiben und auf einer Platte für 4 bis 5 Stunden in den Ofen stellen. Das Fleisch sollte am Ende eine Kerntemperatur zwischen 65 °C und 70 °C haben.

Bauchfleisch mit der Schwarte nach unten in eine ca. 1 cm hoch mit Wasser gefüllte Pfanne setzen und 15 Minuten kochen lassen. Herausnehmen, Wasser abgießen und das Fleisch mit dem verbliebenen ½ TL Rosengewürz einreiben. Dann mit der Schwarte nach oben zu dem Karree in den Ofen geben.

Sobald das Karree fertig ist, aus dem Ofen nehmen, Temperatur auf 200 °C hochdrehen und den Schweinebauch ca. 30 Minuten weiterbraten, hier entsteht jetzt der Saft. Anschließend unter dem Grill noch einige Minuten unter Aufsicht knusprig werden lassen.
Bratensaft und Fett gemischt in ein Glas füllen und ebenso wie das Fleisch abkühlen lassen. Das ist dann das wunderbare „Bratlfett“, das auf's Brot gestrichen wird!

Das Karree in dünne Scheiben und den Bauch in etwas dickere Stücke schneiden und – lauwarm oder kalt – zusammen mit Bratlfett, Rosenblüten, extra Rosengewürz zu gutem krustigen Brot servieren.

Dazu passen frische Radieschen, Gurke oder andere knackig-zarte Gemüse und Salate.

Unter einer Brettljause versteht man in Österreich eine kalte Zwischenmahlzeit aus Fleisch, Käse, Schmalz, kleinen sauren Gurken, Eiern etc. Sie wird traditionell auf einem Holzbrett serviert, daher der Name. Das mit der Zwischenmahlzeit ist nicht so eng zu sehen, in Wahrheit macht so eine Brettjause rund um die Uhr glücklich!

Ente im Rosenfond mit Pistaziencouscous und gebratener Birne

Schicksalhafte Begegnungen bleiben oft ein wenig rätselhaft – so auch in der Küche: Ich weiß nicht wirklich, warum, aber irgendwie sind Ente und Rose schlichtweg füreinander bestimmt.

ZUTATEN

ENTE

2	kleine Entenbrüste oder eine große Entenbrust
1 TL	Rosengewürz (S.152)
3 EL	Portwein
2	Entenkeulen, im Gelenk getrennt
1 EL	Butterschmalz
1 TL	Rosengewürz
2 EL	Portwein
500 ml	Hühnerfond
2 EL	Rosenblüten
1 EL	kalte Butter in kleinen Würfeln

COUSCOUS

4	Mokkatassen Couscousgrieß
2 EL	Butter
2 EL	Pistazien, gehackt

BIRNE

2	Birnen oder Quitten
1 EL	Butter
2 EL	Rosenblüten, gehackt

ZUBEREITUNG

Ofen auf 150 °C vorheizen.

Ente: Die Haut der Entenbrüste im Abstand von 0,5 cm mit einem scharfen Messer kreuzweise einritzen. Das Rosengewürz einreiben, Fleisch zusammen mit dem Portwein in einen Plastikbeutel geben und marinieren lassen.

Die Entenkeulen in einem Schmortopf langsam in Butterschmalz rundherum anbraten, bis sie schön braun sind, dann mit Rosengewürz bestreuen und mit Portwein und Hühnerfond aufgießen.
Rosenblüten in einen großen Papierteefilter füllen und zu den Entenkeulen in den Topf legen. Zudecken und etwa 1½ Stunden im Ofen schmoren lassen.

Ofen auf 80 °C zurückdrehen.

Couscous: Couscous mit knapp 4 Mokkatassen kochendem Wasser übergießen, leicht salzen, zudecken und 5 Minuten ziehen lassen.
Butter zerlassen, gehackte Pistazien darin rösten und unter den Couscous mischen, dabei mit der Gabel auflockern. Zugedeckt warmstellen.

Birne: Die Birne vierteln, das Kerngehäuse entfernen. Die Viertel in dünne Scheiben schneiden und beidseitig in Butter anbraten. Warmstellen.

Fertigstellen: Die Entenbrüste in einer beschichteten Pfanne auf der Haut langsam ca. 9 Minuten braten. Umdrehen, 3 Minuten auf der anderen Seite braten und noch 5 Minuten im 80 °C warmen Ofen nachziehen lassen.

Die Entenkeulen aus der Sauce nehmen und warmstellen, die Rosenblüten entfernen. Die Sauce mit kalter Butter binden und abschmecken.

Entenbrust dünn aufschneiden und einige Scheiben mit je einem Stück einer Keule, Birne und Couscous anrichten. Mit extra Rosenblüten bestreut servieren.

Sie können auch nur die Entenkeulen zubereiten. Die Entenbrust alleine ergibt allerdings keine Sauce und ist im Solo daher für dieses Rezept ungeeignet.
Als glutenfreie Couscous-Alternative eignet sich Quinoa ausgezeichnet. Die Grundzubereitung finden Sie auf Seite 130 und weiter verfahren Sie, wie im Rezept angegeben.

Schweinebraten mit Rose, Bier und Kartoffelbuchteln

Schweinebraten und Bier kommen wunderbar miteinander aus und produzieren einen Saft mit viel „Umami" – neben den vier Geschmäckern süß, sauer, salzig und bitter der fünfte Geschmack, der alles so köstlich macht. Und weil Rose mit Schwein ja quasi unser „Signature Dish" ist, war ein warmes Gericht neben der Brettljause (S. 162) Ehrensache. Österreich hat neben der traditionellen Version mit viel Knoblauch nun auch eine salonfähige Variante bekommen.

ZUTATEN

	RHABARBERCHUTNEY
400 g	Rhabarber
4 EL	Zucker
2 EL	Butter
4 EL	Weißwein
	SCHWEINEBRATEN
1 kg	Schweinsschopf
	Salz, Pfeffer
2 EL	Olivenöl
3	mittelgroße Zwiebeln
500 ml	dunkles Bier
½ TL	Fenchelsamen gemörsert
1 TL	Rosengewürz (S. 152)
	KARTOFFELBUCHTELN
100 g	Kartoffeln, mehlig
140 g	Mehl
7 g	Backpulver
¼ TL	Salz
30 g	zerlassene Butter, leicht gebräunt
1	Ei
	Muskatnuss
	Hagebuttenmarmelade (optional)
2 EL	Butter (für die Form)
1 EL	kalte Butterwürfel (für die Sauce)
2 TL	Rosenblüten, gehackt (für die Sauce)
	Rosenblüten gehackt (zum Anrichten)

ZUBEREITUNG

Rhabarberchutney: Die Hälfte des Rhabarbers in dünne Scheiben schneiden, die andere Hälfte klein würfeln. Zucker in einer trockenen Pfanne goldbraun karamellisieren, den in Scheiben geschnittenen Rhabarber dazugeben und Hitze klein drehen. Wenn nötig, mit wenig Wasser aufgießen. Butter und Weißwein hinzufügen und dünsten, bis der Rhabarber zerfällt. Dann die Rhabarberwürfel beimengen, umrühren und die Pfanne vom Herd ziehen. Die Rhabarberwürfel sollten beinahe roh sein, nur so behalten sie eine knackige Struktur und spritzige Säure.

Ofen auf 150 °C vorheizen.

Fleisch: Fleisch längs zur Faser in zwei gleich große Stücke teilen, salzen und pfeffern. Mit 2 EL Olivenöl in einem Schmortopf rundherum anbraten. Fein gewürfelte Zwiebeln hinzufügen, mit dem Bier aufgießen, mit Fenchelsamen und Rosengewürz bestreuen, zugedeckt im Ofen eine gute Stunde schmoren lassen.

Kartoffelbuchteln: Kartoffeln weichkochen, überkühlen lassen, schälen und durch die Kartoffelpresse drücken. Mit den restlichen Zutaten rasch zu einer homogenen Masse mischen. Wichtig: Den Teig nicht zu viel bearbeiten!
In einer flachen, ofenfesten Form Butter zerlassen. Den Teig zu 2 Rollen mit etwa 3 cm Durchmesser formen in 2 cm breite Stücken schneiden und zu walnussgroßen Kugeln rollen. Wenn gewünscht, mit Marmelade füllen oder sofort in der Butter wälzen. Dicht nebeneinander in der Form anordnen.

Topf mit dem Fleisch aus dem Ofen nehmen und die Hitze auf 180 °C erhöhen. Die Kartoffelbuchteln etwa 15 Minuten vor dem Servieren in den Ofen stellen und 7 bis 10 Minuten lang goldbraun backen.

Das Fleisch aus dem Topf nehmen, in Alufolie packen und Sauce auf etwa ¼ Liter einkochen. Mit kalten Butterwürfeln binden und mit Rosengewürz abschmecken. 2 TL gehackte Rosenblüten einrühren und durchziehen lassen.

Fleisch in Scheiben schneiden und mit gehackten Rosenblüten bestreuen. Mit den Buchteln, Sauce und Rhabarberchutney servieren.

Statt der Kartoffelbuchteln kann man als zeitsparende Variante Reis, Brot oder Polenta zum Tunken der Sauce servieren. Das Rhabarberchutney lässt sich, wenn nicht in Saison, durch gedünstete Äpfel oder Zwetschken ersetzen. Auch Hagebuttenmus aus dem Glas geht gut, Hauptsache, es gibt einen kleinen säuerlichen Kick, der zur Rose passt.

Rosenpfirsiche – mit oder ohne Gruyère

Diese Pfirsiche haben nicht nur ein bezauberndes Aroma, sondern sind auch ausgesprochen anpassungsfähig: Sie funktionieren als Vorspeise mit Käse oder hauchdünnem San-Daniele-Schinken genauso gut wie als Käse-Gang zum Abschluss, als leichtes Abendessen oder mit ein wenig mehr Zucker zu einer Mascarponecreme als Dessert. Es klappt allerdings nur mit reifen Pfirsichen.

ZUTATEN

8	kleine, weißfleischige Pfirsiche (am besten Saturnia)
1 EL	Butter
2 EL	Rosenblüten, gehackt (geteilt)
1 Schuss	Noilly Prat
	Zitronensaft
	Gruyère (optional)

ZUBEREITUNG

Pfirsiche halbieren, vom Kern lösen und längs in Spalten schneiden. Butter in einer weiten Pfanne aufschäumen, die Hälfte der Rosenblüten und die Pfirsiche hinzufügen und eine Minute dünsten. Mit Noilly Prat aufgießen und weiterdünsten, bis die Pfirsiche weich, aber nicht zerkocht sind und die gesamte Flüssigkeit verdampft ist. Mit einem Spritzer Zitronensaft abschmecken und wenn nötig mit etwas Zucker süßen.

Mit den restlichen Rosenblüten bestreuen und zusammen mit dem Käse servieren.

Am besten zu den Pfirsichen passen Hartkäsesorten, die etwas gereift sind, wie Ziegengouda, Gouda, Pecorino, Manchego oder Gruyère.
Sie können die Pfirsiche auch schälen – dazu kurz in kochendes Wasser tauchen und die Haut abziehen.
Für die **Mascarponecreme** einfach **Mascarpone** mit einigen Esslöffeln **Vin Santo** oder **Marsala** und **Zucker** nach Geschmack verrühren.

Mandelmilchreis mit Rosenkaramell

Milchreis erscheint einigen Menschen vielleicht ein bisschen altmodisch und wird manchmal in die Kategorie Grießbrei und Kindernahrung eingereiht. Schade eigentlich! Ich finde ihn in seiner Einfachheit genial und viel zu schade, um ihn in Vergessenheit geraten zu lassen. Als ich nach einer geeigneten Basis für das Rosenkaramell suchte, fiel mir ein, wie gern wir in Griechenland immer Milchreis mit Zimt als Nachtisch gegessen haben und schon war die perfekte Unterlage gefunden.

Wenn Sie die Mandelmilch selbst machen, beginnen Sie das Rezept am Vorabend oder zumindest 8 Stunden vorher.

ZUTATEN

	MANDELMILCH
	ergibt ca. 1 Liter
200 g	Mandeln, ungeschält
500 ml	Wasser
	MILCHREIS
1 Tasse	Risottoreis
4 Tassen	ungesüßte Mandelmilch
1 Msp.	Vanille
	Ahornsirup
	ROSENKARAMELL
1	Dose Kokosmilch (400 ml)
1	Handvoll getrocknete Rosenblüten
200 g	Kristallzucker
2 EL	Wasser
1–2 EL	Rosenblüten, fein gehackt

ZUBEREITUNG

Mandelmilch: Mandeln kalt abspülen und in kaltem Wasser über Nacht stehenlassen.
Mit dem Pürierstab oder im Standmixer fein zerkleinern und durch ein Sieb abgießen. Die Mandeln gut ausdrücken und aufbewahren, sie können zum Backen verwendet werden, beispielsweise für ein Dunstkoch nach dem Rezept für Liebstöckldunstkoch (S. 110)

Milchreis: Ofen auf 120 °C vorheizen.
Risottoreis zusammen mit Vanille in der Mandelmilch aufkochen und im Rohr ca. 30 Minuten zugedeckt quellen lassen. Denken Sie daran dass das Karamell sehr süß ist und geben Sie daher Ahornsirup nur sehr sparsam dazu.

Rosenkaramell: Kokosmilch erwärmen, Rosenblüten dazugeben und 30 Minuten ziehen lassen.
Zucker und Wasser in einem Stieltopf bei mittlerer Hitze langsam schmelzen. Am besten nicht rühren, sondern den Topf gelegentlich etwas schwenken. Sobald der Zucker kocht, Hitze zurückschalten und so lange warten, bis der gewünschte goldbraune Farbton erreicht ist, dann mit der Kokosmilch vorsichtig aufgießen und langsam bis zur gewünschten Konsistenz (dickflüssiges Karamell braucht ca. 40 Minuten) einkochen. Abkühlen lassen.

Den Milchreis in Gläsern anrichten, mit Rosenkaramell übergießen und mit fein gehackten Rosenblüten bestreuen.

Das Gericht wird am besten lauwarm serviert, weil dann das Karamell die optimale Konsistenz hat.
Der Reis kann mit jeder Art von Milch gekocht werden – mit normaler Kuhmilch wie auch mit Reismilch, Kokosmilch anderen Nussmilcharten oder gekaufter Mandelmilch. Der Geschmack verändert sich jeweils ein wenig, aber das Karamell gleicht etwaige kleine Mängel bereitwillig aus.
Ich rate Ihnen dazu, einmal Mandelmilch selbst zu machen – es lohnt den geringen Aufwand auf jeden Fall. Die gekaufte Mandelmilch mögen Sie dann allerdings nachher warscheinlich nicht mehr!

Rosentörtchen

Ob bei einem Kindergeburtstag oder als Dessert für verspielte Erwachsene, diese kleinen Kuchen sind hübsch anzusehen und entzücken so gut wie immer.

Das Rezept bereits am Vortag beginnen.

ZUTATEN

1 Becher Schlagobers
3 EL Rosenblüten

240 g Butter
200 g Zucker
1 Msp. Vanille
6 Eier
200 g Mehl
1 TL Backpulver

2 EL Rosenblüten
flüssiger Honig
1 EL Staubzucker

ZUBEREITUNG

Schlagobers am besten bereits einen Tag vorher zusammen mit den Rosenblüten erhitzen, Herdplatte abdrehen, beiseite stellen und mindestens zwei Stunden ziehen lassen.
Abseihen und das Obers über Nacht in den Kühlschrank stellen.

Ofen auf 180 °C vorheizen.

Butter, Zucker und Vanille schaumig rühren, Eidotter nach und nach dazugeben. Mehl und Backpulver mischen und einrühren. Die Eiklar mit einer Prise Salz zu Schnee schlagen und vorsichtig unterheben.
Muffinförmchen ausbuttern und mehlen. Teig einfüllen und 15 bis 20 Minuten lang goldbraun backen.
Die Törtchen aus den Förmchen stürzen und auf einem Kuchengitter auskühlen lassen.
Rosenblüten auf einem Teller kurz in den noch warmen Ofen stellen, damit sie ganz trocken werden. Dann mit den Fingern fein zerbröseln.
Die Törtchen mit leicht erwärmtem Honig rundherum an den Seiten bepinseln und in den zerkleinerten Rosenblüten wenden.

Vor dem Servieren zweimal quer durchschneiden. Rosenobers steif schlagen und Staubzucker unterrühren.
Die Törtchen mit Obers füllen und das restliche Obers extra dazu servieren.

„Safran macht den Kuchen gelb" – dieser Kinderreim mit Gesang begleitete zwangsläufig meine ungezählten in der Kindheit „gebackenen" Strandsandkuchen. Wenn man so will, gehörte Safran also von Anfang an zu meinem kulinarischen Grundrepertoire.
Komischerweise kenne ich heute keinen einzigen Kuchen mit Safran, deshalb wollte ich unbedingt einen als Dessert in diesem Buch haben. Es wurde nur eine Art „Kuchen" (S. 186), aber ich liebe sie ja, diese saftigen Alternativkuchen.
Paella und Bouillabaisse, die im Grunde genommen nach einer kräftige Portion Safran verlangen, gehören zu meinen Lieblingsgerichten. Es war eine schöne selbstgewählte Aufgabe, die Palette der Safrangerichte für dieses Buch um ein Stück zu vergrößern. Die folgenden Rezepte sind allesamt wesentlich einfacher zu kochen als eine echte Paella oder eine Bouillabaisse. Und nicht teuer! Der Aufwand für ein Gericht für vier Personen liegt zwischen 50 Cent und 2 Euro, beste Safranqualität vorausgesetzt. Für dieses herrliche Aroma ist das eigentlich nicht viel.
Ich kaufe immer gleich größere Mengen ein, nicht nur, weil es günstiger ist, sondern weil dann auch für lange Zeit kein Nachschub benötigt wird. Und dann genieße ich den Griff in mein duftendes Glas mit den dunkelroten Fäden.

Einkauf
Günstig kauft man Safran über das Internet. Es gibt spezialisierte Webseiten, die auch sehr viel Information bieten.
In der Regel gibt es guten iranischen Safran für ca. 6 bis 8 Euro pro Gramm, wenn man nur ein Gramm kaufen möchte. Die 5-Gramm-Version kostet in der Regel um die 20 bis 34 Euro, 10 Gramm kosten 37 bis 49 Euro. Somit kann man für etwa 45 Euro ungefähr hundertmal kochen.

Das sind natürlich nur Richtwerte, weil der aktuelle Preis den Ernteerträgen entsprechend schwankt.
Man sollte grundsätzlich nur Fäden kaufen, nicht Pulver, weil das Pulver am leichtesten zu fälschen oder zu strecken ist.

Im gut sortierten Gewürzhandel bekommen Sie ebenfalls Safran bester Qualität aus verschiedenen Herkunftsländern und vor allem eine gute Beratung. Ganz allgemein gilt die Regel, nur von qualitativ hochwertigen Quellen zu beziehen – Weihnachtsmärkte, Souvenirläden und dergleichen zählen hier im Normalfall nicht unbedingt dazu. Ist Safran drastisch billiger, als die oben genannten Preise, dann kann es sich nur um eine Fälschung handeln.

Herkunft und Qualität
90 bis 96 Prozent des auf der Welt gehandelten Safrans stammen aus dem Iran. Sehr gute Qualität kommt auch aus Spanien, hervorragenden Bio-Safran kann man aus Griechenland beziehen. Achten Sie auf die Qualitätsklassen. Die besten sind „Coupe" oder Klasse 1 (lt. ISO 3632-2). Ein Qualitätsmerkmal ist der chemische Nachweis in Form von sogenannten „Crocin-Werten", die den Farbgehalt angeben. Beim iranischen Safran sind Sorten mit Crocin-Werten von über 260 die besten.
Teurere Ware bedeutet nicht unbedingt bessere Qualität. Produkte aus dem Iran kosten zum Beispiel deshalb etwa die Hälfte von denen aus Spanien, weil im Iran die Produktionskosten nur halb so hoch sind.

Aussehen und Geruch
Weil Fälschungen bei einem edlen Gewürz wie dem Safran an der Tagesordnung sind, hier ein paar Hinweise, wie Safran aussehen, riechen und schmecken sollte:
Charakteristisch für die Fäden ist eine tiefrote Farbe und die nach oben trichterförmig breiter werdende Form, der Geruch ist einzigartig und wird allgemein als betäubend und aromatisch beschrieben, ich empfinde ihn als metallisch. Der Geschmack ist ebenfalls metallisch und bitter.
Für den Frischetest geben Sie ein paar Fäden in ein Glas warmes Wasser. Die Fäden sollten aufquellen und das Wasser gelb färben.

Basiszubereitungen
In Persien gibt es zwei Grundzubereitungen, die ich von meiner Freundin Maryam gelernt habe, **Safranzucker** und **Safranwasser**. Sie sind schneller zur Hand und praktikabler, als jedes Mal mit den Fäden zu hantieren und machen vor allem dann Sinn, wenn man öfter mit Safran kocht.

Wenn in Persien ein Päckchen Safran geöffnet wird, zermörsert man ihn mit einem kleinen Stück Würfelzucker als Mahlhilfe zu einem ultrafeinen Pulver. Dieser **Safranzucker** wird in ein kleines Gläschen abgefüllt und ist jederzeit zur Verwendung bereit. Dosiert wird messerspitzenweise.

Aus dem Pulver kann man mit lauwarmem Wasser **Safranwasser** herstellen: 2 Messerspitzen Safranzucker in ein kleines Gläschen geben und mit etwa 50 bis 100 ml lauwarmen Wasser schrittweise verschütteln. Die Farbe muss tieforange sein. Das Safranwasser ist vor allem in kalten Zubereitungen und überall dort, wo sich das Pulver schlecht mischen lässt, nützlich. Aufbewahrt wird es im Kühlschrank und ist dort einige Wochen haltbar.

Pulled-Chicken-Sandwich mit Safranmayo

Zugegeben, hier handelt es sich um ein Edel-Sandwich. Zwiebelconfit, selbstgerührte Mayonnaise, gebratene Zucchini – ideal für einen Fernsehabend mit einem ebenso edlen Film. Vereinfachung ist natürlich möglich, wenn auch nicht ernstlich empfohlen: gekaufte Mayonnaise mit Safran veredelt, gekauftes gebratenes Huhn und rasch gebrutzelte Zwiebelringe. Das Zwiebelconfit ist neben den konfierten Tomaten (S. 138) eine meiner Küchen-Geheimwaffen. Vieles wird dadurch im Handumdrehen vom Durchschnitt zum Ereignis. Deshalb sollte man sich davon unbedingt einen Vorrat anlegen, denn die Zwiebeln halten im Kühlschrank sehr lange.

ZUTATEN

ZWIEBELCONFIT

1 EL Olivenöl
1 EL Butterschmalz
4 große oder 6 kleinere Zwiebeln, geschält, fein würfelig geschnitten
1 großzügige Prise Salz

SAFRANMAYONNAISE

1 große Prise Safranfäden
¼ TL Salz
1 Ei (Zimmertemperatur)
100 ml Sonnenblumenöl
100 ml Olivenöl
1 Spritzer Zitronensaft
Pfeffer
Zucker

HUHN

1 Hühnerfilet
Salz
Pfeffer

1 Zucchini
Olivenöl
3 EL Zwiebelconfit (geteilt)
1 Handvoll Jungspinat
Frischer Koriander oder Estragon
Knuspriges Baguette (ein großes oder zwei kleinere)

ZUBEREITUNG

Zwiebelconfit: Olivenöl und Butterschmalz in einer schweren Pfanne auf mittlerer Hitze heiß werden lassen, Zwiebeln hineingeben und 2 bis 3 Minuten ohne umrühren braten. Wenden und weiter langsam schmoren lassen, alle 3 bis 4 Minuten rühren.
Nach 15 Minuten auf schwache Hitze reduzieren und nur mehr alle 8 bis 10 Minuten umrühren, damit die Zwiebeln karamellisieren – sie sollten sich aber nicht anlegen oder zu dunkel werden.
Die gesamte Garzeit sollte etwa 45 Minuten betragen – in der Halbzeit kann man einen Schuss Essig dazugeben und am Schluss aus der Mühle pfeffern.

Safranmayonnaise: Alle Zutaten sollten Zimmerteperatur haben. Die Safranfäden in einem kleinen Kochtopf auf mittlerer Hitze erwärmen, bis sie trocken und spröde sind. Mit dem Salz im Mörser oder mit den Fingern zerreiben, 1 TL warmes Wasser dazugeben und stehenlassen.
In einen hohen, engen Mixbecher das Ei, etwas Zitronensaft, Safran und Öl füllen. Den Mixstab auf dem Boden ansetzen und bei laufendem Motor sehr langsam hochziehen, bis sich das gesamte Öl mit dem Ei zu einer dicken Mayonnaise verbunden hat. Mit Salz, Pfeffer, Zucker und Zitrone abschmecken. Mindestens 30 Minuten ziehen lassen.

Huhn: Ofen auf 100 °C vorheizen.
Filet salzen und pfeffern, rundherum langsam braun braten und 8 bis 10 Minuten im Ofen garziehen lassen. Zwiebelconfit zum Erwärmen mit in den Ofen stellen.
Zucchini in Scheiben schneiden, mit Zitrone beträufeln und in der Pfanne bei starker Hitze kurz in etwas Olivenöl beidseitig braten. Salzen und pfeffern.
Huhn zerzupfen oder hacken und 1 EL Zwiebelconfit untermischen.

Zusammensetzen: Baguette je nach Größe in zwei oder vier Teile schneiden, quer halbieren, beide Seiten mit Safranmayo bestreichen.
Untere Hälfte mit Jungspinat, Hühnerfleisch, gegrillten Zucchinischeiben, etwas Zwiebelconfit und mit Kräutern belegen. Zuklappen und servieren.

Dieses Rezept ist ideal, um Reste von gebratenem Huhn zu verarbeiten. Das Sandwich kann sofort gegessen werden, es schadet aber auch nicht, wenn es etwas Zeit zum Durchziehen bekommt.

Onigiri mit Safran und Shrimps

Onigiri sind gefüllte Reisbälle in meist dreieckiger Form. In Japan gibt es sie überall, mit verschiedensten Füllungen von Fisch über Avocado und Umeboshipflaume bis hin zu Ei und Gemüse. Man könnte auch sagen, sie sind die edelste und bekömmlichste Form von Fast Food, quasi das japanische Sandwich.
Ich liebe diese glücklichmachenden Carepakete und es ist mir eine besondere Ehre, mit diesem Rezept eine respektvolle Abwandlung japanischer Esskultur zu präsentieren.

ZUTATEN

1	große Prise Safranfäden
1	große Prise Zucker
1	Tasse Sushireis
2 ½ EL	Reisessig
½ TL	Salz
¾ TL	Zucker
200 g	gekochte Bio-Shrimps
	Salz
	Pfeffer
	Zitrone
1 EL	Mohn, trocken geröstet
1 EL	Pistazien, grob gehackt

ZUBEREITUNG

Safranfäden in einer kleinen Pfanne vorsichtig erwärmen bis sie trocken sind, dann mit etwas Zucker mörsern oder zwischen den Fingern zerreiben, mit ein wenig heißem Wasser begießen und ziehen lassen.

Sushireis nach Packungsanweisung kochen. Ein Geschirrtuch unter den Deckel legen und den Reis ca. 10 Minuten auf der ausgeschalteten Herdplatte ausdämpfen lassen. Reis noch warm mit Reisessig, Salz, Zucker und dem Safran mischen.

Shrimps salzen, pfeffern und mit ein paar Tropfen Zitronensaft würzen.
Aus dem noch warmen Reis mit feuchten Händen Kugeln in der Größe einer Walnuss formen, ein Loch hineindrücken und mit je zwei marinierten Shrimps füllen, verschließen und zu Dreiecken formen.

Je nach Geschmack mit trocken geröstetem Mohn oder gehackten Pistazien bestreuen.

In diesem Rezept haben wir kleines Fingerfood zubereitet. Selbstverständlich können Sie auch Dreiecke in Originalgröße mit ca. 10 cm Seitenlänge und entsprechend mehr Füllung formen. Am besten extra Salatblätter einpacken, die dann nach dem Auswickeln zum Halten und als frische Beilage dienen.
Den Ideen für alternative Füllungen sind kaum Grenzen gesetzt: konfierte Tomaten, Huhn, Chorizo, Thunfisch mit Mayo, gekochtes Gemüse mit Kapern, gebratene und geschälte Paprikastücke …

Safran-Kartoffel-Suppe mit Minze und Berberitze

Das Besondere an dieser samtigen Suppe ist die Gremolata. Säuerliche Berberitzen, Pistazien und sehr diskrete Minze werden gemischt und geröstet und ergeben ein interessantes Topping.

ZUTATEN

SUPPE

1	große Prise Safranfäden
1	große Prise Zucker
500 g	Kartoffeln, mehlig
500 ml	Gemüsefond
	Salz
	Pfeffer
1 EL	Butter
	Zitrone

BERBERITZEN-GREMOLATA

1 EL	Berberitzen, getrocknet
1 EL	milde Minzblätter, frisch oder getrocknet
1 EL	Butter oder Butterschmalz
1 EL	Pistazien, geschält und grob gehackt

ZUBEREITUNG

Suppe: Safranfäden in einer kleinen Pfanne vorsichtig erwärmen, bis sie trocken sind, dann mit Zucker mörsern oder mit den Fingern zerbröseln und mit etwas heißem Wasser begießen, ziehen lassen.
Kartoffeln kochen, schälen und noch warm durch die Kartoffelpresse in einen Kochtopf drücken. Fond, Butter und Safran dazugeben und erhitzen. Mit dem Pürierstab oder im Standmixer fein mixen, mit Salz, Pfeffer und einem Spritzer Zitronensaft abschmecken.

Gremolata: Frische Minzblätter hacken, getrocknete zwischen den Fingern zerbröseln und in Butter oder Butterschmalz sanft rösten, Pistazien und Berberitzen dazugeben und kurz mitrösten.

Suppe mit der Gremolata bestreuen und servieren.

Minze ist nicht gleich Minze. Gemeint ist hier eine zarte Minzart, die keinesfalls so intensiv wie Pfefferminze schmecken soll. Ich verwende Feigenminze, aber auch verschiedene andere Arten, wie Orangen-, Zitronen- oder Apfelminze funktionieren gut.
Wer Minze nicht mag, kann sie durch Zitronenverbene, Zitronenmelisse oder Zitronenthymian ersetzen. Berberitzen können durch getrocknete gehackte Cranberries ersetzt werden.

Knuspriges Safranhuhn mit Risoni

Gewürzte Butter unter der Haut verleiht einem Huhn wunderbaren Geschmack und Saftigkeit. Die kleinen, reisförmigen Teigwaren dazu lassen sich perfekt mit dem Bratfond vermischen und nehmen so sein intensives Aroma an.

ZUTATEN

	HUHN
4	Hühnerschenkel
1 TL	Salz
½ TL	Paprikapulver, süß
	Pfeffer
1	große Prise Safran
½ TL	Salz
50 g	weiche Butter
½	Zitrone, Schale fein gehackt
	PASTA
250 g	Risoni oder andere kleine Teigwaren

ZUBEREITUNG

Ofen auf 220 °C vorheizen.

Huhn: Salz, Pfeffer und Paprika mischen und die Hühnerschenkel damit einreiben.
Safran im Ofen etwas erwärmen, mit dem Salz fein mörsern oder mit den Fingern zerbröseln. Dann mit Butter und Zitronenschale mit einer Gabel gründlich vermischen.

Die Haut von den Hühnerschenkeln mit einem Finger oder einem Kochlöffelstiel vorsichtig etwas lösen.
Jeweils einen gehäuften Teelöffel der Buttermischung zwischen Haut und Fleisch schieben und von außen durch vorsichtiges Drücken auf die Haut verteilen.
Hühnerschenkel in eine ofenfeste Form legen, 150 ml Wasser dazugeben und 10 Minuten braten.

Ofen auf 170 °C zurückschalten und die Hühnerschenkel unter wiederholtem Begießen (alle 10 bis 15 Minuten) mit dem eigenen Saft etwa eine Stunde weiterbraten lassen. Bratfond mit Salz, Pfeffer und eventuell einem Spritzer Zitronensaft abschmecken.

Pasta: Risoni in reichlich kochendem Wasser bissfest kochen, abgießen und mit kaltem Wasser abspülen. Vor dem Servieren mit der Hälfte des Bratfonds mischen und nochmals erhitzen. Einige Minuten durchziehen lassen. Den Rest des Bratfonds extra servieren.

Eine köstliche Beilage ist ein lauwarmer Salat aus gerösteten Tomaten: Große **Tomaten** in dicke Scheiben schneiden, eine beschichtete Pfanne heiß werden lassen, mit **Olivenöl** auspinseln und die Tomaten auf maximaler Hitze rösten, bis sie anfangen, dunkle Stellen zu bekommen. Umdrehen und weiterrösten. Herausnehmen, mit **Salz** und **Peffer** bestreuen, grob hacken und in einer Schüssel mit **1 Schuss Essig, Olivenöl, 2 angequetschten Knoblauchzehen und einer Handvoll Pinienkernen** mischen. Auch ein wenig **Rucola**, im letzten Moment darauf gestreut, passt gut.

Lammstelzen mit Safranfenchel und konfierten Tomaten

Lammstelzen gelingen immer, sofern man sie ausreichend lange schmort und mit einem entsprechenden Aroma versieht. Hier sind sie dennoch nur Nebendarsteller im Gericht, das vom Safranfenchel dominiert wird. Safran und Butter durchdringen mithilfe von Wermut das Gemüse bis in sein Innerstes und bewirken anscheinend einen alchemistischen Prozess, der aus einer eher störrischen, im Rohzustand deutlich nach Anis schmeckenden Knolle ein zart schmelzendes, samtiges, leuchtend gelben Wunder erschafft.

ZUTATEN

LAMMSTELZEN

4	kurze Lammstelzen (Knochen kurz gehackt)
	Salz
	Olivenöl
	Pfeffer
½ TL	Fenchelsamen, gemörsert
	einige Zweige Zitronenthymian oder Thymian

SAFRANFENCHEL

¼ TL	Safranfäden
1	große Prise Zucker
1 EL	Noilly Prat
4	kleinere Fenchelknollen
4	Knoblauchzehen
3 EL	Butter (45 g)
150 ml	Noilly Prat
	Wasser
1½ TL	Salz
	Pfeffer
1	Handvoll konfierte Datteltomaten (S. 138)

ZUBEREITUNG

Ofen auf 180 °C vorheizen.

Lammstelzen: Lammstelzen salzen und in Olivenöl rundherum anbraten. Mit Pfeffer und Fenchelsamen bestreuen, etwas Wasser und Thymianzweige dazugeben. In einen Römertopf oder Gusseisentopf mit Deckel umfüllen und im Ofen mindestens 1½ bis 2 Stunden schmoren. Das Fleisch muss sich leicht vom Knochen lösen und mit der Gabel zerteilbar sein.

Safranfenchel: Safran bei niedriger Hitze in einer kleinen Pfanne oder im Ofen anwärmen, um ihn trocken und brüchig zu machen. Zusammen mit dem Zucker mörsern oder mit den Fingern fein zerbröseln und in Noilly Prat ziehen lassen. Den Fenchel halbieren und der Länge nach in Spalten schneiden (6 bis 8 Spalten pro Knolle).
Den Knoblauch anquetschen und mit dem Fenchel und der in Stücke geschnittenen Butter in eine breite, feuerfeste Auflaufform schichten. Salzen, Noilly Prat und den eingeweichten Safran hinzufügen und mit kochendem Wasser bedecken.
Abgedeckt mindestens 45 Minuten im Ofen weichschmoren. Als Abdeckung eignet sich ein der Größe der Auflaufform angepasstes Stück Backpapier oder Pergament, das locker zusammengeknüllt, vollständig nass gemacht und dann über das Gemüse gebreitet wird.

Die konfierten Tomaten zum Erwärmen in den Ofen stellen.

Lammstelzen mit Safranfenchel und Tomaten servieren.

Keinesfalls darf am Safran, auch nicht an der Butter und schon gar nicht am Noilly Prat gespart werden, weil günstigerer Wermut nicht denselben Geschmack ergibt!
Sollte im Ofen nicht genügend Platz für den Fenchel sein, kann er auch in einem Deckeltopf auf dem Herd geschmort werden. Eine gute Idee ist es, den Safranfenchel schon am Vortag zuzubereiten, weil das Aroma sich dann noch zusätzlich intensiviert. Püriert gibt das Gemüse außerdem eine tolle Suppe.

Halvas mit Safran und eingelegten Orangen

Halvas wird ursprünglich in Griechenland aus Hartweizengrieß zubereitet und ist eine dieser ganz einfachen und doch so genialen Süßspeisen, die bereits in ihrem Ursprung ohne Milchprodukte auskommen – nur aus Grieß, Olivenöl, Zucker und Wasser. Mit ein Grund, warum Halvas selbst nach einem mehrgängigen Menü einen feinen leichten Abschluss bilden kann.
Meist wird Halvas mit sehr viel Zucker gekocht. Ich habe die Süße drastisch reduziert, Safran hinzugefügt und Olivenöl durch Butter ersetzt. Dazu gibt es Orangen, die mit Schale gekocht und eingelegt wurden. Das Ergebnis ist herrlich bittersüß und würzig – und: man nutzt die komplette Frucht, was mich besonders freut.

ZUTATEN

EINGELEGTE ORANGEN
ergibt 4 Gläser à 500 ml

6	Bio-Orangen mit Schale
1 TL	Salz
200 ml	Wasser
450 g	Zucker
250 ml	Marsala oder Cream Sherry
250 ml	Condimento Balsamico bianco
½	Zitrone, Schale (dünn abgeschält)
6	Pfefferkörner, schwarz
2	Kardamomkapseln, Samen
8	Körner Piment
½	Zimtstange

HALVAS

1 Prise	Safranfäden
½ Tasse	Zucker
2 Tassen	Wasser
¼ TL	Salz
¼	Zitrone, Saft
130 g	Butter oder Butterschmalz
1 Tasse	Hartweizengrieß
1 Becher	Schlagobers
1 Msp.	Vanille
	Ahornsirup

ZUBEREITUNG

Eingelegte Orangen: Orangen in einem großen Kochtopf mit kaltem Wasser bedecken, Salz hinzufügen und bei mittlerer Hitze 1 Stunde kochen lassen. Dabei die Orangen mit einer passenden Pfanne beschweren, sodass sie unter Wasser bleiben. Abseihen, etwas abkühlen lassen und jede Orange in 10 Spalten schneiden.

Alle übrigen Zutaten aufkochen und ca. 15 Minuten zu einem Sirup verdicken lassen. Orangenspalten dazugeben und weitere 2 bis 3 Minuten kochen, dann den Herd ausschalten und den Sirup ziehen lassen.

Saubere Schraubdeckelgläser inklusive Deckel offen auf den Backrost des Ofens legen, auf 140 °C aufheizen und für mindestens 10 Minuten im Ofen sterilisieren.

Orangen und Sirup nochmals erhitzen und rasch in die Gläser füllen, zuschrauben und bis zum Erkalten auf den Deckel stellen. So sind die Orangen ungeöffnet einige Monate haltbar.

Halvas: Safranfäden in einem kleinen Topf vorsichtig erwärmen, bis sie trocken sind. Mit einer Prise Zucker im Mörser oder mit den Fingern zerreiben. Für den Sirup Zucker und Wasser aufkochen. Safran, Salz und Zitrone hinzufügen und stehenlassen.
Butter in einer Pfanne schmelzen, Grieß dazugeben und auf mittlerer Hitze rösten, bis er leicht bräunt und duftet.
Sirup unter Rühren dazugießen und nochmals aufkochen. Weiterrühren, bis sich die Masse vom Topfboden löst. In eine geölte Form oder mehrere kleine Förmchen füllen und abkühlen lassen.

Schlagobers halb aufschlagen, Vanille und Ahornsirup nach Belieben unterrühren und zusammen mit den Orangen zum Halvas servieren.

Sie können auch normalen Grieß verwenden, die Masse wird dann ein wenig klebriger. „Halva", das im Iran oder in Indien hergestellt wird, ist übrigens eine ganz andere Sache. Diese sehr klebrige Süßigkeit ist eine Mischung aus feinst vermahlenen Samen (meist Sesam) oder Nüssen und Zucker und hat mit diesem Rezept nichts zu tun.

Oftmals nicht ganz zutreffend auch als Maracuja bezeichnet, kennt man die Frucht mit dem faszinierenden Duft und Geschmack fast nur in Säften und Joghurtzubereitungen. Das liegt wohl daran, dass Passionsfrüchte bei uns verhältnismäßig zu teuer sind, um als Obst in größeren Mengen gegessen zu werden. Verwendet man die Frucht hingegen wie ein Gewürz, verhält es sich sofort anders.
Mit den folgenden Rezepten möchte ich Ihnen besonders die pikanten Gerichte ans Herz legen und vorstellen, denn im süßen Bereich begegnet man ab und an ohnehin einem Maracuja- oder Passionsfruchtrezept.

Basiszubereitungen
Mit ihrem süßsauren, sehr spritzigen und ein wenig scharfen Charakter besitzt die Basisrezeptur für Passionsfruchtchutney großes Potenzial und wird für die meisten salzigen Rezepte genutzt.
Kerne sind im Allgemeinen eher unbeliebt, enthalten aber meistens einen großen Anteil der für die Gesundheit wertvollen Inhaltsstoffe und fügen im Fall der Passionsfrucht den Gerichten außerdem einen zarten Crunch hinzu. Meine Empfehlung lautet daher, das Fruchtfleisch nicht zu passieren, um die Kerne zu entfernen. Sie ersparen sich viel Arbeit, Zeit und Geld.

Sollten Sie noch kein Chutney gekocht haben und das Rezept dennoch nach Chutney verlangen, lassen Sie sich nicht dazu verleiten, stattdessen zu einem tiefgekühlten Fruchtmark zu greifen. Das funktioniert nicht, weil die Gerichte zu sauer und unbalanciert ausfallen, außerdem fehlt es an Aroma. Die 15 Minuten, die die Herstellung des Chutneys inklusive Abkühlen benötigt, sind es in jedem Fall wert!

Einkauf
Beim Kauf von Passionsfrüchten ist zu beachten, dass eine glatte Schale nicht unbedingt, wie sonst oft, ein Qualitätskriterium darstellt. Dazu muss man wissen, dass es Passionsfrüchte und Maracujas gibt, die zwar annähernd gleich schmecken

(Maracujas sind meist saurer) und aus derselben Familie stammen, aber nicht gleich aussehen. Maracujas sind in reifem Zustand gelb und glatt. Unreife Früchte erkennt man daran, dass sie grün sind.

Passionsfrüchte haben ein volleres Aroma, sind meist rötlich gefärbt und schmecken am besten wenn die Schale schon etwas schrumpelig ist. Dann besitzen sie das meiste Fruchtfleisch und das stärkste Aroma. Sie fühlen sich relativ leicht an, ohne an verwendbarem Inneren zu verlieren, weil der Schwund im Bereich der ungenießbaren Schale stattgefunden hat.

Als tropische Frucht gedeiht die Passionsfrucht in den verschiedensten Teilen der Welt und hat daher fast immer Saison. Greifen Sie unbedingt zu, wenn sich die Gelegenheit bietet und machen Sie auf Vorrat einige Gläser Chutney oder frieren Sie das Fruchtfleisch ein!

Passionsfruchtchutney

Chutney steht meistens für eine mehr oder weniger scharfe süßsaure Zubereitung aus Frucht und Zwiebeln. Für mich persönlich harmonieren die Zwiebeln meist nicht, deshalb tut dieses Rezept seinen Job ganz ohne. Dafür kommt das Chutney mit voller Fruchtigkeit und zarter Säure daher und wird Sie mit Sicherheit begeistern ... und vielleicht auch zu neuen Ideen anregen!

ZUTATEN

- 5–7 Passionsfrüchte (ca. 10 EL bzw. 200 ml Fruchtfleisch)
- 2 EL Zucker
- 1 EL Condimento Balsamico bianco

- ½ Limette, Schale fein gehackt
- ½ kleiner getrockneter Chili, fein gehackt

ZUBEREITUNG

Früchte quer halbieren und Fruchtfleisch mit einem Löffel herauskratzen. In einem kleinen Kochtopf Fruchtfleisch mit Zucker und Essig ca. 15 Minuten lang einkochen, bis eine sirupartige Konsistenz erreicht ist.
Limettenschale und Chili nach Geschmack dazu geben. Eventuell noch etwas Zucker oder Limettensaft hinzufügen. Heiß in ein Schraubdeckelglas abfüllen, zuschrauben und auf den Kopf gestellt abkühlen lassen.

Passionsfrüchte können sehr unterschiedlich groß sein, daher sollte man das Fruchtfleisch am besten wiegen. Manchmal sind die Früchte extrem sauer, dann benötigen sie etwas mehr Zucker. Dieses Rezept ergibt ca. 6 EL fertigen Chutney.
Für die meisten Rezepte benötigt man etwa die Hälfte, manchmal aber auch die ganze Menge. Das Chutney hält im Kühlschrank ungeöffnet einige Monate, lässt sich aber auch perfekt tiefkühlen. Bereiten Sie also besser gleich einen Vorrat zu!

Karotten mit Passionsfrucht und geröstetem Mohn

In meiner Kindheit in Wien war Karottensalat eine sehr gefällige Mischung aus feinstgeriebenen Karotten und einer Marinade aus Zitronen, Zucker und Wasser. Später entdeckte ich in einem italienischen Restaurant, dass Karotten auch in anderer Form im Salat erscheinen können, nämlich in langen, dünnen Bändern, die sich hübsch einrollen und zwischen den Zähnen krachen.
Das sieht nicht nur spektakulär aus – vor allem, wenn man die dunklen Karotten mit dem knallig orangen Inneren finden kann – sondern schmeckt mit Passionsfrucht und Mohn auch ziemlich aufregend.

ZUTATEN

4	große Karotten
2 EL	Passionsfruchtchutney (S. 190)
1 EL	Olivenöl, mild
	Salz
	Ahornsirup nach Bedarf
1 EL	Mohn, trocken geröstet

ZUBEREITUNG

Karotten mit dem Sparschäler oder auf der Mandoline in dünne Scheiben hobeln und in Eiswasser einlegen, damit sie sich einrollen und so richtig „crisp“ werden.

Vor dem Anrichten herausnehmen und gut abtropfen lassen.

Passionsfruchtchutney und Öl verrühren, etwas salzen und mit den Karotten mischen. Nach Belieben mit etwas Ahornsirup süßen.

Mit geröstetem Mohn bestreuen und servieren.

Als Kombinationen zu diesem Salat eignen sich Parmaschinken, Ziegenkäse, Ricotta oder Ricottatörtchen (S. 70), geräucherte Gänsebrust, in Kokosraspeln paniertes und gebratenes Hühnerfilet, Bresaola, Entenbrust usw. Aber auch ohne weiteren Aufputz ist es eine feine Vorspeise oder eine von verschiedenen Vorspeisen zum Teilen.

Sauerkraut Pasión mit Grammeln

Sauerkraut gehört zu meinem persönlichen „Projekt zur Förderung verkannter Lebensmittel". Es ist zwar in nahezu jedem österreichischen Gasthaus unvermeidlich auf der Speisekarte zu finden, nämlich warm zu gebratenen oder gekochten Schweinefleischgerichten – aber damit ist der Auftritt des Sauerkrauts auch schon wieder beendet ... zu schade!
Ganz abgesehen von den zahlreichen gesundheitlichen Vorzügen finde ich Sauerkraut roh sehr frisch und prickelnd, speziell wenn sich ein exotisches Aroma mit einmischt. Die Passionsfrucht gibt dem Kraut in diesem Rezept eine spannende geschmackliche Richtung und durch die Kerne auch Struktur. Die Grammeln sorgen für einen intensiven „umami"-Geschmack. Übrigens: „Pasión" ist spanisch für Leidenschaft!

ZUTATEN

300 g	Sauerkraut, roh
2	Handvoll Schwarzkohl, roh, in sehr feine, nicht zu lange Streifen geschnitten
2	große Datteln (Medjoul), fein gewürfelt
3 EL	Passionsfruchtchutney (S. 190)
	Salz
	Pfeffer
	Ahornsirup
100 g	Grammeln, grob gehackt

ZUBEREITUNG

Kosten Sie das Sauerkraut – nur wenn es Ihnen wirklich zu sauer ist, spülen Sie es kurz unter kaltem Wasser ab. Beachten Sie aber: Gleichzeitig gehen bei diesem Schritt leider auch viele von den nützlichen Milchsäurebakterien verloren! Dann mit einer Schere kurz schneiden und mit dem Kohl mischen. Passionsfruchtchutney zusammen mit den Dattelwürfeln verrühren und unterheben. Mit Salz und Pfeffer abschmecken. Bei Bedarf mit etwas Ahornsirup süßen.

Die zerkleinerten Grammeln zart anrösten und vor dem Servieren über den Salat streuen.

Soll das Gericht vegetarisch oder vegan sein, nehmen Sie statt der Grammeln geröstete Kürbiskerne oder Pilze und stellen Sie Kürbiskernöl auf den Tisch. Auch verschiedene Arten von Nüssen, etwa Haselnüsse und Haselnussöl, passen gut.
Schwarzkohl ist meine persönliche Lieblingskohlsorte, trotzdem sind auch andere Kohlarten eine Alternative, weil er leider oft schwer erhältlich ist. Statt Kohl lässt sich auch frischer Spinat gut einbauen. Diesen ebenfalls in feine Streifen schneiden.

Jakobsmuscheln mit Passionsfrucht-Guacamole

Schneller geht es eigentlich nicht – und eleganter auch kaum. Das Wichtigste bei diesem Gericht sind die Jakobsmuscheln. Achtung vor minderwertiger Tiefkühlware, die beim Braten viel Flüssigkeit abgibt und geschmacklich enttäuschend ist. Ein guter Fischhändler ist unverzichtbar!
Es empfiehlt sich, Avocados auf Vorrat zuhause zu haben, denn zu kaufen gibt es meist entweder nur steinharte oder verdorbene Exemplare. Ich kaufe also einige unreife Avocados und lagere sie bei Zimmertemperatur. Sobald sie unter den Fingern nachgeben wie Wachs, kommen sie in den Kühlschrank oder werden verwendet.

ZUTATEN

GUACAMOLE

1	Avocado
1–2 EL	Passionsfruchtchutney (S. 190)
1	Spritzer Limettensaft
	Salz

MUSCHELN

12	Jakobsmuscheln
1 EL	Olivenöl
1 EL	Butter
	Salz

ZUBEREITUNG

Guacamole: Die Avocado halbieren, den Kern entfernen, das Fruchtfleisch in eine Schüssel geben und mit einer Gabel fein zerdrücken. Chutney unterrühren und mit Salz und Limettensaft abschmecken.

Jakobsmuscheln: Jakobsmuscheln mit Küchenpapier trockentupfen.
Eine Pfanne sehr heiß werden lassen, Öl und Butter hineingeben und die Jakobsmuscheln darin von jeder Seite etwa eine Minute lang braten, dabei immer wieder mit dem Bratfett begießen. So haben die Muscheln je nach Größe meist noch einen leicht glasigen Kern. Wenn Sie die Muscheln lieber noch etwas mehr durch möchten, einfach auf die Seitenflächen drehen und eine weitere halbe Minute braten.

Zusammen mit der Guacamole und gutem Brot servieren.

Ein kleiner Salat aus zarten Sprossen und Frühlingskräutern ist eine gute Ergänzung.

Kleiner Fischbauernschmaus

In meinem Dinnerclub habe ich dieses leichte Fischzitat eines eher deftigen österreichischen Fleischgerichts mit viel Erfolg serviert. Die im Elsass beliebte Kombination von Fisch und Sauerkraut ist reizvoll, aber auch eine aromatische Herausforderung, was daran liegen mag, dass Sauerkraut viel herbe Säure mit sich bringen kann.
Daher stelle ich in diesem Rezept eine Variation mit frischem Kraut vor, das durch die Passionsfrucht ein besonderes Aroma erhält.
Zu einem Bauernschmaus gehört normalerweise auch ein Knödel – hier wurde es ein kleines Saiblingsknödelchen – und etwas Geräuchertes. So wurde der Zander eben in Speck gewickelt und ein geräucherter Saibling zerzupft. Für die Farbe sorgt das Rotkraut.

ZUTATEN

	KRAUT
400 g	Weißkraut
150 g	Rotkraut (optional)
1–2 EL	Butterschmalz, geteilt
	Zitronensaft
	Suppe oder Wasser
2–3 EL	Passionsfruchtchutney (S. 190)
	SAIBLINGSKNÖDERL
	für ca. 16 walnussgroße Knöderl
200 g	Saiblingsfilet ohne Haut
70 g	Toastbrot ohne Rinde
80 ml	Schlagobers
1	Ei
½	Zitrone, Schale fein abgerieben
	Salz, Pfeffer
	FISCH
200 g	Zanderfilet ohne Haut
4	dünne Scheiben geräucherter Speck
	1 Filet vom Räucher-saibling, in kleine Stücke gezupft

ZUBEREITUNG

Kraut: Weiß- und Rotkraut in feine Streifen schneiden oder hobeln. Getrennt in zwei Pfannen in Butterschmalz andünsten, mit je einem Spritzer Zitronensaft und etwas Suppe ablöschen, salzen und weichdünsten. Am Ende sollte die gesamte Flüssigkeit verdampft sein. Eventuell überschüssigen Saft abgießen.

Saiblingsknöderl: Alle Zutaten müssen sehr kalt sein!
Saiblingsfilet und Toastbrot in Stücke schneiden und in der Küchenmaschine fein mixen. Ei, Obers, Salz, Pfeffer und Zitronenschale hinzufügen und nochmals rasch durchmixen, damit sich die Masse nicht erwärmt.
Ein Probeknöderl in kochendem Wasser garziehen lassen, Knödelmasse bei Bedarf nachwürzen und 30 Minuten kaltstellen.
Mit nassen Händen kleine Knöderl formen – Sie können die Knödel entweder über Dampf garen oder im nicht mehr kochenden Salzwasser zugedeckt etwa 5 Minuten lang ziehen lassen. Ein Stück zur Probe herausnehmen, halbieren und überprüfen, ob es durchgegart ist. Dann die restlichen Knödel mit einem Lochschöpfer herausnehmen und auf einem Teller warmstellen.

Zander: Filets in 4 Stücke schneiden, in je eine Speckscheibe wickeln und langsam in der Pfanne von beiden Seiten kross braten.

Fertigstellen: Beide Krautsorten wieder erwärmen, das Passionsfruchtchutney unter das Weißkraut rühren und auf vorgewärmten Tellern anrichten, darauf etwas Rotkraut geben. Je ein Stück Zander, 1 bis 2 Saiblingsknöderl und etwas geräucherten Saibling dazulegen und servieren.

Eventuell überzählige Knödel kann man ungekocht tiefkühlen. So lässt sich auch gut ein Vorrat anlegen. Bei Bedarf direkt aus dem Tiefkühler in einen Dämpfkorb geben und über kochendem Wasser ca. 6 Minuten garen.
Das Rezept funktioniert geschmacklich genauso gut mit nur einer Krautsorte, das Rotkraut sorgt vor allem für einen hübschen optischen Effekt.

Pulled Pork mit Passionsfruchtchutney, Socca und Kohlrabislaw

Dieser Klassiker ist perfekt für einen gemütlichen Abend mit Freunden oder einen „faulen" Sonntag. Der wiederum ganz unklassische Aufputz mit Passionsfrucht verleiht eine besonders reizvolle exotische Note. Ist das Fleisch erst einmal im Ofen, hat man jede Menge Zeit. Auch eine Stunde mehr spielt gar keine Rolle. Die Beilagen sind denkbar einfach und in einer kleinen halben Stunde fertig, Statt Brot gibt es Socca, eine Art kleine Kuchen aus Kichererbsenmehl und Olivenöl, die traditionell in Nizza gebacken werden. Das Chutney mache ich am Vortag.

ZUTATEN für 6 Personen

PULLED PORK

1 kg	Schweinsschopf
12	Körner Piment
1 TL	Fenchelsamen
1 TL	Ingwerpulver
1 TL	Salz
500 ml	dunkles Bier
1	Sternanis
1	Knoblauchzehe, ganz
3 EL	Hoisinsauce
2 TL	Dijon Senf
5 cm	Ingwer, gerieben
1 TL	schwarzer Pfeffer, frisch gemörsert
1	kleine Chilischote, fein gehackt

SOCCA

125 g	Kichererbsenmehl, geröstet
1 TL	Backpulver
250 ml	Wasser
¼ TL	Salz
2 EL	Olivenöl
1 TL	Pfeffer, schwarz, gemörsert

KOHLRABISLAW

2	mittelgroße Kohlrabi
1	mittelgroßer Radicchio
¼ TL	Salz
1	Bio-Limette
3 EL	Olivenöl
2	Zubereitungen Passionsfruchtchutney (S. 190)

ZUBEREITUNG

Pulled Pork: Ofen auf 120 °C vorheizen.
Piment und Fenchelsamen mörsern, mit Salz und Ingwerpulver mischen.
Das Fleisch rundherum mit den Gewürzen einreiben, nach Möglichkeit 30 Minuten einziehen lassen.
Das Fleisch in einem Bräter mit Deckel (am besten aus Gusseisen) bei mittlerer Hitze rundherum anrösten und mit dem Bier ablöschen, Sternanis und Knoblauchzehe dazugeben und aufkochen lassen.
Zugedeckt in den Ofen stellen und vier Stunden lang schmoren.

Ofentemperatur auf 160 °C erhöhen.
Sollte nur noch wenig Flüssigkeit übrig sein, eine ¾ Tasse kochendes Wasser in den Bräter gießen. Das Fleisch mit Hoisinsauce und Senf bestreichen und ohne Deckel 30 Minuten weiterbraten.

Soccateig: Alle Zutaten verrühren und soviel Wasser hinzufügen, dass ein dickflüssiger Teig entsteht. Beiseitestellen.

Pulled Pork – Fertigstellung: Fleisch aus dem Topf nehmen, Ingwer, Pfeffer und Chili in die Sauce rühren. In 2 cm dicke Scheiben schneiden und mit zwei Gabeln zerpflücken. Zurück in den Topf geben, mit der Sauce mischen und mindestens 30 Minuten im ausgeschalteten Ofen durchziehen lassen. Es sollte kaum mehr Sauce sichtbar, das Fleisch aber sehr saftig und keinesfalls trocken sein. Ist noch zu viel Sauce da, noch einreduzieren. Bei zu wenig Sauce etwas kochendes Wasser dazugießen und abschmecken.

Kohlrabislaw: Kohlrabi schälen und in dünne Stäbchen schneiden, Radicchio in Streifen hacken. Mit Salz, Olivenöl, Limettenschale und -saft mischen.

Socca – Fertigstellung: In einer beschichteten Pfanne Olivenöl heiß werden lassen. Mit einem Esslöffel kleine Häufchen Teig in die Pfanne setzen, leicht flach drücken und beidseitig knusprig braun backen. Auf einer Platte warmstellen, bis alle Küchlein fertiggebacken sind.

Fleisch am besten im Topf auf den Tisch stellen, die Platte mit den Socca, den Salat und das Passionsfruchtchutney ebenso, sodass sich jeder seine Portion selbst zusammenstellen kann.

Chutney
Socca
Slaw
Pulled

Passionsfruchttarte

Mir ist eine dünne, knusprige Tarte als Abschluß eines Abendessens immer höchst willkommen, vor allem wenn sie so leicht, elegant, säuerlich und fruchtig daherkommt, wie diese Passionsfruchttarte.
Etwas Schlagobers dazu balanciert die Säure sehr gut aus und fühlt sich auf der Zunge an, wie eine weiche weiße Wolke. Aber auch pur ist die Tarte einfach perfekt.

ZUTATEN

für eine Tarteform von
ca. 26 cm Durchmesser

	TEIG
150 g	Mehl
75 g	Butter
1 EL	Staubzucker
1	Prise Salz
1	Eidotter
50 g	ungeschälte Mandeln, gerieben
	FÜLLUNG
100 g	Butter zum Bedecken der Tarte (je nach Größe der Form etwas mehr)
2	Eier
120 g	Zucker
6	Passionsfrüchte (etwa 200 ml Fruchtfleisch mit Kernen)
1	Limette, Schale und Fruchtfleisch, kleingehackt
1	Becher Schlagobers
1 Msp.	Vanille
1–2 EL	Ahornsirup

ZUBEREITUNG

Teig: Für den Mürbteig alle Zutaten rasch verkneten, wenn nötig etwas kaltes Wasser dazugeben. Eine Kugel formen, flachklopfen, in Klarsichtfolie packen und etwa eine Stunde kaltstellen.

Ofen auf 180 °C vorheizen.

Fülle: Butter für das Bedecken der Tarte für etwa 15 Minuten in den Tiefkühler legen.

Die Eier in einer Schüssel mit dem Zucker mixen und das Fruchtfleisch von Passionsfrucht und Limette sowie die Limettenschale unterrühren.

Einen Bogen Backpapier auf die Größe der Tarteform zuschneiden und in die mit Wasser befeuchtete Form legen.

Den Teig ganz dünn ausrollen, in die Tarteform drücken und dabei einen Rand hochziehen. Einige Male mit einer feinen Gabel einstechen.
In den unteren Teil des vorgeheizten Ofens schieben und 10 bis 15 Minuten vorbacken. Etwas abkühlen lassen.

Butter aus dem Tiefkühler nehmen. Eier-Passionsfrucht-Masse auf den Teig gießen. Mit einem Käsehobel von der Butter dünne Scheiben abhobeln, die Fruchtfülle damit zur Gänze bedecken und die Tarte in der Mitte des Backrohrs 20 bis 25 Minuten fertigbacken.

Schlagobers halbfest schlagen. Vanille und Ahornsirup unterziehen und die Tarte am besten lauwarm zusammen mit dem Obers servieren.

Für Menschen wie mich, die es gerne schnell und einfach haben – der „heiße Mürbteig" mit freundlicher Genehmigung von Madame Paule Caillat (www.promenadesgourmandes.com):
Ofen auf 210 °C vorheizen.
90 g Butter, 1 EL Öl, 3 EL Wasser, 1 EL Zucker und 1/8 TL Salz in einem Kochtopf aufkochen, **150 g Mehl** auf einmal hineinschütten und mit einem Holzlöffel gut einrühren. Die Masse etwas abkühlen lassen und anschließend mit den Händen in die Tarteform drücken. Mit einer Gabel mehrmals einstechen und 15 Minuten vorbacken. Der Teig schwindet erstaunlicherweise kaum, obwohl er so ganz den Gesetzen für Mürbteig widerspricht. Weiterverarbeiten wie oben beschrieben.

Chipotle und Pimentón

Chilis sind faszinierend und gleichzeitig oft zu scharf für mich, wie für viele andere empfindliche Europäer – so auch die über Mesquite-Holz geräucherten Jalapeños (sprich: xala'peno), genannt Chipotles (sprich: tʃɪ'pəʊt.leɪ).

Das Räucheraroma ist wunderbar und gibt zusammen mit ihrer Fruchtigkeit ein komplexes Geschmackserlebnis, von dem man eigentlich gern mehr hätte – wenn es nur nicht so scharf wäre!
Deshalb kommt an dieser Stelle eine sanfte Verwandte ins Spiel: Pimentón, eine Paprikaschote, die in der spanischen Region La Vera wächst und über Eichenholz geräuchert wird. Es gibt sie in einer milden und in einer scharfen Variante.

Die beiden ergeben ein schönes Paar – Geschmackstiefe und Schärfe vom Chipotle, Verstärkung des Raucharomas ohne Schärfe durch Pimentón. Dieses Duo passt perfekt sowohl zu salzigen als auch zu süßen Gerichten.

Und – es funktioniert für Vegetarier, die zwar Räuchergeschmack mögen, das normalerweise zugehörige Stück Fleisch aber nicht.
Ganz schön zu schaffen kann einem die Tatsache machen, dass Chipotles, wie alle anderen Chilis auch, große Individualisten mit sehr unterschiedlichen Schärfegraden sind. Manche Chipotles haben mir in Sekundenschnelle Tränen in die Augen getrieben und andere waren harmlos.
Deshalb lautet die eiserne Regel: kosten, kosten, kosten – ehe man ein ganzes Gericht wegwerfen muss, weil es unessbar scharf geworden ist.

Produkte
Während Chipotle als ganze Schote, als Pulver und mit Essig in Dosen eingelegt (in Adobo) erhältlich ist, kenne ich Pimentón nur als feines Pulver in sehr charakteristischen, rechteckigen Streudosen (Achtung auf den Vermerk „mild"!)
Wenn sich die Frage stellt, in welcher Form man Chipotle anschaffen sollte, wäre meine Antwort: auf jeden Fall als ganze Schoten, am besten aber in allen drei Varianten. Chipotle ist in guten Gewürzhandlungen und im Internet erhältlich.

Ausprobieren
Um das Aroma zu erforschen, sollte man auf alle Fälle zuerst eine möglichst unbearbeitete Version kennenlernen – **die getrocknete Schote**.
Probieren Sie es: Vorsichtig ein winziges Stück auf die Zunge nehmen, um den Schärfegrad zu eruieren.
Dann die Schote leicht in einer trockenen Pfanne rösten, bis sie duftet und anschließend eine Weile in kochend heißes Wasser legen, bis sie weich ist. Handschuhe anziehen, Schote herausnehmen, Kerne und Scheidewände entfernen (weil das immer die schärfsten Teile einer Chilischote sind) und hacken. Gleich nochmals kosten, denn der Aufenthalt im heißen Wasser hat schon viel mehr Aromen herausgelockt.

Großartig wäre es jetzt, wenn Sie eine (selbstgemachte) Mayonnaise zur Hand hätten oder einfach schnell eine zusammenmixen. Dauert 30 Sekunden, ehrlich.
Und dann probieren Sie nach und nach, kleine Mengen des Chipotle in eine Portion der Mayonnaise zu rühren und zu erforschen, wie sich der

Geschmack verändert. Gehen Sie weiter nach dem Rezept für die Chipotlemayonnaise vor (S. 212) und machen Sie dabei auch gleich Bekanntschaft mit Pimentón.
Sie werden sehen, diese rauchig-samtige und fruchtige Creme möchte man am liebsten mit dem Löffel essen. Sie besitzt das Potenzial, selbst die schärfsten Mayonnaisekritiker zu bekehren!
Chipotlepulver zur Hand zu haben, ist ebenfalls kein Fehler. Wenn es eilt, ist das Einweichen, Entkernen und Hacken der Schoten einfach zu langwierig. Dennoch ist das Ergebnis nicht das Gleiche, es fehlt dem Pulver oft geschmacklich an Tiefe.

Chipotle in Adobo ist im Internet und in mexikanischen Supermärkten leicht zu finden. Die Dosen sind klein, man braucht aber dennoch wahrscheinlich im Leben nur eine einzige. Sobald diese geöffnet ist, wird der Inhalt in ein Schraubdeckelglas gefüllt und – zu den vielen anderen Gläschen mit Zutaten, die man unbedingt braucht – in den Kühlschrank gezwängt. Dort harrt das höllisch scharfe Ding seiner Bestimmung.
Der Vorteil? Diese Chipotles sind gekocht und in Essig eingelegt, wodurch ihr gesamtes Aroma unmittelbar zur Geltung kommt – sie sind direkt zu verwenden, ohne Einweichen und Hacken.

Wie viel davon?
Wie schon gesagt, ist es beinahe unmöglich, fixe Dosierungen für Chipotle anzugeben. Es kann sich daher in den Rezepten immer nur um Richtwerte handeln. Beginnen Sie für den Anfang lieber mit der Hälfte der angegebenen Menge und tasten Sie sich langsam an den gewünschten Schärfegrad heran.
Als Faustregel für die Dosierung gilt: 1 TL Pulver entspricht etwa einer mittelgroßen entkernten Schote. So ein Vergleich hinkt aber natürlich ... wie groß ist die Schote und wie scharf? Und wie scharf ist das Pulver? Aber immerhin, man hat eine Idee.
Die Größenordnung, in der man das Pulver in den Rezepten meist benötigt, bewegt sich irgendwo bei ¼ TL, was also ¼ Schote entspricht und in meinen Rezepten dann als Stück von ungefähr 2x2 cm angegeben wird. Etwa vergleichbar ist ¼ TL Chipotle in Adobo.

Chipotlehonig

Faszinierend ist die Kombination aus sanft-süßem Honig und rauchig-feurigem Chipotle, die man zum Beispiel verwenden kann, um Nüsse zu veredeln. Auch mediterranem Gemüse wie Auberginen oder Tomaten gibt der Honig einen interessanten Touch. Oder versuchen Sie doch mal Eis mit angewärmtem Chipotlehonig.

ZUTATEN

6 EL	Blütenhonig
1 Stück	Chipotle ohne Kerne, ca. 2 x 2 cm
¼ TL	Pimentón

ZUBEREITUNG

Zuerst, wie immer bei Chilis, den Chipotle vorsichtig kosten und je nach Schärfegrad die Menge festlegen. Im Zweifelsfall immer mit weniger beginnen! In einem kleinen Kochtopf alle Zutaten aufkochen und 30 Minuten ziehen lassen. Chipotle entfernen.

Für die Nüsse röstet man zwei Handvoll Walnüsse, Mandeln oder Cashews trocken in einer beschichteten Pfanne. Dann kommt ein schwacher Esslöffel Chipotlehonig, vermischt mit etwas heißem Wasser, dazu und wird mit den Nüssen verrührt. Sofort zum Abkühlen auf einen geölten Teller leeren. Im kalten Zustand auseinanderbrechen. Die Nüsse passen gut zu Salaten, Ziegenfrischkäse, gereiftem Hartkäse oder als Snack. Und – als kleiner Schock – zu Süßspeisen.

Chipotlezucker

Rauchig und süß, spritzig und scharf ist dieser Zucker ein köstlicher Überraschungseffekt auf zahlreichen, vor allem warmen Mehlspeisen wie den Schlosserbuben (S. 222) oder Böhmischen Dalken, einem Sterz, gebackenen Mäusen …

ZUTATEN

⅓	Tasse Staubzucker
1 Stück	Chipotle ohne Kerne, ca. 1 x 1 cm, fein gerieben
¼ TL	Vanille
¼ TL	Pimentón
½	Limette, Schale abgerieben

ZUBEREITUNG

Alles in der Küchenmaschine mixen.
Nun kann der gewünschte Schärfegrad gemischt werden – zum Entschärfen Zucker hinzufügen, für mehr Schärfe mehr Chipotle verwenden und für intensiveres Raucharoma noch einmal in die Pimentóndose greifen.
In einem Schraubdeckelglas aufbewahren.

Chipotle Zucker
Chipotle sauce
Chipotle
Chipotle honig

Chipotlesauce

Saucen auf Vorrat in der Tiefkühltruhe zu haben gibt mir das beruhigende Gefühl, auch bei wenig Zeit oder fehlender Kochlust rasch ein anspruchsvolles Essen hinkriegen zu können.
Außerdem gibt es genügend Gerichte, bei deren Zubereitung keine Sauce entsteht, wie zum Beispiel bei der Gänsebrust (S. 216) oder anderen Niedrigtemperaturgar-Rezepten. Das Fischszegediner (S. 214) geht mit einer fertigen Portion Chipotlesauce ungleich schneller und ein 20-Minuten-Chili-con-Carne ist ebenfalls keine Hexerei.
Wenn Sie eine größere Menge kochen und mehrere Chilischoten verwenden, ist es hier besonders wichtig, jede einzelne zu kosten. Eine kann mild und die nächste die Hölle sein.
In Mexiko werden meist unterschiedliche Chilisorten kombiniert. Ich verwende gerne Anchos, das sind getrocknete Poblano-Chilis, die relativ mild und fruchtig sind. Sie bereiten die Basis für das Chipotlearoma.

ZUTATEN

2 ganze	Ancho-Chilis
1 Stück	Chipotle, ca. 4 x 2 cm
2 EL	Olivenöl
3	Zwiebeln, geschält, grob gehackt
3	Knoblauchzehen, geschält, grob geschnitten
3 EL	Rosinen
5 EL	Erdnussbutter (ca. 80 g)
2 TL	Pimentón, mild
1 TL	Oregano, getrocknet
1 TL	Kreuzkümmel, gemörsert
5 Körner	Piment, gemörsert
½ TL	Salz
1 EL	Essig
	Zitrone
500 ml	Fond (Rind, Gemüse oder Instant)

ZUBEREITUNG

Schritt 1: Anchos und Chipotle bei mittlerer Hitze in einer trockenen Pfanne unter Wenden 1 bis 2 Minuten vorsichtig rösten, bis sie zu duften beginnen. Vorsicht: Die Chilis verbrennen leicht und werden dann bitter!

Dann in heißem Wasser 10 bis 15 Minuten einweichen.

Abseihen und die Flüssigkeit weggießen.

Für den nächsten Arbeitsschritt unbedingt Handschuhe tragen!
Stängel und Kerne entfernen und Chilis beseitestellen.
Danach können Sie die Handschuhe wieder ausziehen.

Schritt 2: Während die Chilis einweichen, Zwiebeln und Knoblauch in Olivenöl anschwitzen und 15 Minuten weichdünsten. Rosinen, Gewürze, Erdnussbutter und ⅔ vom Fond dazugeben und etwa 5 Minuten köcheln lassen.

Schritt 3: Alles mit den Chilis in die Küchenmaschine geben und fein pürieren. Mit Fond bis zur gewünschten Konsistenz verdünnen.

Folgende Variante kann ich empfehlen, wenn Sie keine Anchos haben, diese Ihnen zu scharf sind oder Sie bei der Zubereitung etwas Zeit sparen möchten. Das Ergebnis ist durch die Paprikaschoten deutlich süßer, etwas weniger scharf und nicht ganz so komplex:
Schritt 1 des Rezepts fällt weg, Sie beginnen direkt mit **Schritt 2**. Für **Schritt 3** brauchen Sie noch **170 g geschälte Paprika** aus dem Glas oder der Dose (Abtropfgewicht) und **½ TL Chipotle in Adobo** (oder **¼ TL Chipotlepulver** oder ein Stück eingeweichte **Chipotleschote 4 x 2 cm**.) Alles pürieren und je nach Bedarf mit etwas Essig, Zitrone, Salz und Chipotle abschmecken.
Webadressen mit mehr Informationen über Chilis finden Sie im Bezugsquellenregister am Ende des Buches.

Panzanella mit Kürbis und Thymian

Altes Brot ist in fast allen Volksküchen ein Thema. Oft als Suppeneinlage, in Österreich zur Knödelproduktion oder für warme Mehlspeisen genutzt, wird es in Deutschland gern als Arme Ritter und in Amerika als French Toast gegessen.
In der Toskana macht man eben Panzanella. Dort allerdings wird das Brot lange in einer Vinaigrette eingeweicht, was zugegebenermaßen Saftigkeit und Aroma verleiht, aber eine an einen Badeschwamm erinnernde Konsistenz mit sich bringt. Deshalb stelle ich hier eine Variante vor, bei der das Brot beim Servieren noch knusprig ist.
Die Panzanella hat neben der dezenten rauchigen Schärfe viel Crunch und Frische und ist bestens als Vorspeise oder als leichtes Hauptgericht geeignet.

ZUTATEN

6 Scheiben Sauerteigbaguette, ca. 2 cm dick, zerzupft (ergibt ca. 2 Tassen)
6 EL Olivenöl
1 Stück Chipotle, ca. 2x2 cm, ohne Kerne, oder ¼ TL Chipotle gemahlen
2 TL Pimentón mild

VINAIGRETTE

10 Zweige frischer Zitronenthymian, Blättchen abgezupft und gehackt oder
2 TL getrockneter Thymian
1 Schalotte, in winzige Würfel geschnitten
4 EL Condimento Balsamico bianco
1 TL Ahornsirup
1 TL Pimentón, mild
¼ TL Salz, Pfeffer

GEMÜSE

200 g Butternusskürbis, geschält und entkernt
½ TL Salz
1½ EL Condimento Balsamico bianco

1 Tasse winzig kleine Karfiolröschen
1 Tasse Babyspinat

ZUBEREITUNG

Ofen auf 220 °C vorheizen

Chipotle und Pimentón in Olivenöl auf ca. 70 °C erhitzen und ca. 20 Minuten ziehen lassen.
Den Chipotle aus dem Öl entfernen und das Brot mit ⅓ des Öls vermischen. Auf einem mit Backpapier ausgelegten Backblech ausbreiten und etwa 5 bis 8 Minuten im Ofen goldbraun rösten. Abkühlen lassen.
Kürbis mit einem Gemüsehobel oder einem Sparschäler in möglichst dünne Bänder hobeln (ergibt ca. 2 Tassen). Man sollte durch die Kürbisbänder durchsehen können, dicker geschnitten isst sich dieses Gericht nicht mehr angenehm. Alternativ kann man den Kürbis in kleine Würfelchen schneiden oder ihn kurz dämpfen. Mit Salz und Essig mischen und 20 Minuten stehenlassen.

Für die Vinaigrette in einem Schraubdeckelglas alle Zutaten kräftig schütteln und ziehenlassen. Die restlichen ⅔ der aromatisierten Olivenölmischung zur Vinaigrette geben und nochmals kräftig durchschütteln.
Kürbis und Karfiol nun mit der Vinaigrette mischen und 10 Minuten durchziehen lassen, dann das Brot untermengen und nochmals maximal 5 Minuten stehenlassen. Zuletzt den Spinat unterheben und servieren.

Wenn Sie das Brot lieber richtig knusprig haben, sollten Sie die Mischung nach dem Unterheben nicht stehenlassen, sondern sofort oder getrennt servieren.
Für etwas mehr Schärfe kann man Rucola statt Babyspinat verwenden. Sehr gut passen zu dieser Panzanella auch die Ricottatörtchen (S. 70).
Die im Rezept verwendeten Gemüsesorten sind eher herbstlich bis winterlich, können jedoch der jeweiligen Jahreszeit angepasst werden. Tomaten, Gurken und Basilikum sind die ursprüngliche italienische Variante, genauso gut wären grüne Bohnen, Pilze und Brokkoli vorstellbar, Schwarzkohl, Kohlrabi und Rettich, oder Radieschen, Zucchini und Stangensellerie.

Oktopustempura mit Chipotlemayo

Wenn ich Oktopus beim Fischhändler sehe, kann ich in den seltensten Fällen daran vorbeigehen. Das Kochen ist kein großer Aufwand. Alles, was man nicht sofort verbraucht, kann man portionsweise einfrieren. Besonders gut eignen sich die fertiggekochten Oktopusarme, wenn man später Risotto, ein Pastagericht oder eine Fischsuppe machen will. Auch knusprig gebraten auf Rucola machen sie Freude, ganz so wie unsere Tempuraspießchen hier.
Mein Tipp: Ins Kochwasser gehören unbedingt Flaschenkorken, das macht den Oktopus zuverlässig weich. Einmal wurde der Oktopus unerklärlich zäh. Erst dann fiel mir auf, dass ich die Korken vergessen hatte. Klarer Beweis!

ZUTATEN

OKTOPUS

1	Oktopus
5	Pfefferkörner
1	Lorbeerblatt
1	Schuss Weißwein
2	echte Flaschenkorken
8	Holzspieße, ca. 20 cm

CHIPOTLEMAYONNAISE

1	Ei
200 ml	Sonnenblumen- oder Rapsöl
1	Spritzer Zitronensaft
¼ TL	Salz
¼ TL	Pimentón, mild
1	Stück Chipotle, ca. 1,5 x 1,5 cm oder ¼ TL Chipotlepulver oder 1 Msp. Chipotle in Adobo
1 TL	Ketchup
½–1 TL	Ahornsirup
	Salz, Pfeffer
	Limettensaft

TEMPURATEIG

100 g	Mehl
25 g	Maisstärke
¼ TL	Natron
	Salz
1 EL	Öl oder ½ Eidotter
250 ml	Eiswasser
250 g	Bio-Palmfett
3 EL	Reismehl oder Maisstärke

ZUBEREITUNG

Oktopus: 2 Liter Wasser mit Pfefferkörnern, Lorbeerblatt und Weißwein aufkochen, Oktopus und Korken hineingeben. Falls nötig mit Wasser auffüllen, bis der Oktopus bedeckt ist. Je nach Größe 30 bis 60 Minuten zugedeckt köcheln, bis der Oktopus weich ist und die Konsistenz einer gekochten Kartoffel hat. Aus dem Sud heben, abkühlen lassen. Den Sud kann man portionsweise für eine spätere Verwendung einfrieren.
Die Arme vom Körper trennen und in Scheiben schneiden. Je nach Größe 3 bis 4 Scheiben mit etwas Abstand auf die Spieße stecken.

Chipotlemayonnaise: Alle Zutaten sollten Zimmertemperatur haben. Chipotleschote gegebenenfalls einweichen und fein hacken. In einen hohen, engen Mixbecher Ei, Zitronensaft, Salz und Öl geben. Den Mixstab auf dem Boden ansetzen und bei laufendem Motor sehr langsam hochziehen, bis das Öl mit dem Ei emulgiert. Mit Salz und Pfeffer abschmecken.
Die Hälfte der Mayonnaise mit Pimentón, Chipotle und Ketchup mischen, mit Ahornsirup, Salz, Pfeffer und Limettensaft abschmecken. Ist sie zu scharf geraten, einfach mit mehr Mayonnaise, Crème fraîche oder Joghurt strecken. Den Rest der Mayonnaise können Sie anderweitig verwenden – vielleicht für die Safranmayo auf S. 176.

Tempurateig: Die trockenen Zutaten vermengen. Dann Wasser mit Öl oder Eidotter verquirlen und rasch unterziehen. Dabei darauf achten, die Zutaten nicht zu verrühren, sondern nur zu mischen. Es dürfen auch noch kleine mehlige Stellen sichtbar sein.
In einem hohen Topf langsam das Palmfett auf ca. 180 °C erhitzen. Die Höhe des Fettspiegels sollte etwa der Länge der aufgespießten Oktopusstücke entsprechen. Die Temperatur des Fettes wird mit einem Holzstäbchen geprüft. Steigen beim Eintauchen Bläschen auf, ist sie richtig.

Einen flachen Teller mit Reismehl oder Maisstärke bestreuen.
Zwei Oktopusspieße im Mehl wenden und abklopfen. Durch den Teig ziehen, abtropfen lassen und in das heiße Fett stellen. 1 bis 3 Minuten backen, bis die Oktopusstücke knusprig sind, die Spieße dabei immer wieder etwas bewegen. Auf Küchenpapier abtropfen lassen und warmstellen. Mit den restlichen Spießen ebenso verfahren. Jetzt können Sie auch drei auf einmal backen, weil das Fett bereits heißer ist. Spieße noch heiß mit Chipotlemayonnaise servieren.

Fischszegediner

ZUTATEN

GULASCH

2 EL	Grammelschmalz
1	mittelgroße Zwiebel, klein gewürfelt
1	Knoblauchzehe, angequetscht
1	Stück Chipotle, ca. 2x2 cm, eingeweicht und gehackt oder ¼ TL Chipotlepulver
1	Sternanis
1 TL	Thymian
4 TL	Pimentón
2 TL	Paprikapulver, mild
300 g	Sauerkraut, ausgedrückt und kurz geschnitten
250 g	frisches Weißkraut, fein gehobelt
1	Petersilienwurzel, fein gerieben
750 ml	Rinderfond
1	mittelgroße Kartoffel, geschält und fein gerieben
1 TL	Salz
½ TL	Pfeffer, frisch gemahlen
2–3 TL	Zucker

FISCH

4	Zanderfilets à 150 g, mit Haut
2 EL	Maisstärke
	Olivenöl
1 Bund	frischer Koriander
	Olivenöl

Eine Hommage an das Szegedinergulasch, das normalerweise mit Schweinefleisch gekocht und oft mit einem Löffel Sauerrahm serviert wird. In dieser Variation passt die leichte Säure des Krautes hervorragend zum Fisch – Chipotle, Pimentón und Koriander bringen geschmacklich neue Assoziationen, Ungarn trifft auf Mexiko und Spanien.
Für größere Gesellschaften ist dieses Gericht perfekt, denn es lässt sich gut vorbereiten und das Kraut wird noch besser, wenn es mindestens einen Tag steht. Die Fische kann man dann im Ofen auf dem Blech backen.

ZUBEREITUNG

Gulasch: Grammelschmalz in einer mittelgroßen Kasserole zerlassen, Zwiebeln und Knoblauch dazugeben und bei mittlerer Hitze langsam dünsten, bis sie goldbraun und weich sind.
Alle anderen Gewürze hinzufügen, verrühren und kurz mitdünsten. Sauerkraut, frisches Kraut und Petersilienwurzel untermischen, mit dem Rinderfond aufgießen. Die geriebene Kartoffel dazugeben und 45 Minuten langsam dünsten.
Mit Salz, Pfeffer und Zucker abschmecken.

Fisch: Die Fischfilets mit der Hautseite in die Maisstärke tauchen, gut abklopfen und in einer beschichteten Pfanne in reichlich Olivenöl auf der Hautseite nicht zu schnell braten, bis oben nur mehr ein kleiner glasiger Fleck zu sehen ist. Herd abdrehen, Pfanne zudecken und garziehen lassen. Währenddessen den Koriander mit den Stielen mittelfein schneiden, einige Blättchen abzupfen.

Das Kraut in tiefen Tellern anrichten, je ein Fischfilet mit der Haut nach oben darauf platzieren und mit dem Koriander bestreuen.

Mit Olivenöl beträufeln und servieren.

Gebratener Oktopus sowie fast alle weißfleischigen Fische eignen sich ebenfalls gut für diese Art der Zubereitung. Mehr zum Thema Sauerkraut (S. 194).

Gänsebrust mit Maronigremolata und Süßkartoffelwedges

Sanft mit Niedrigtemperatur gegart, kommt die Gänsebrust sehr zart aus dem Ofen. Doch sie verlangt nach einer geschmackvollen Begleitung, die hier in Form der rauchigen Chipotle-Pimentónsauce auftritt. Diese wird gesondert zubereitet. Die Maroni in Kombination mit Mandarine und Rucola sorgen für ein feines, frisches Finish.

ZUTATEN

WEDGES

2 mittelgroße Süßkartoffeln, geschält
1 Eiklar
2 EL Maisstärke oder Reismehl
Salz

FLEISCH

1 Gänsebrust, ca. 800 g

GREMOLATA

10 Maroni, fertig gekocht oder gebraten, grob zerbröselt
Olivenöl
1 Handvoll Rucola, gehackt
1 Bio-Mandarine, Saft und Schale (nur die oberste orange Schicht), fein abgeschält und gehackt

1 EL Mandarinenöl (alternativ Olivenöl)
Salz, Pfeffer

300 ml Chipotlesauce (S. 208)

ZUBEREITUNG

Ofen auf 80 °C vorheizen.

Vorbereitung der Wedges: Süßkartoffeln in Spalten schneiden. In eine Schüssel mit eiskaltem Wasser legen und bis etwa eine Stunde vor dem Servieren im Wasser lassen.

Gänsebrust: Fett auf der Hautseite kreuzweise einschneiden (das geht besser wenn man die Gänsebrust zuvor etwa 20 Minuten in den Tiefkühler legt).
In eine Pfanne 1 cm hoch Wasser füllen, salzen und aufkochen. Gänsebrust mit der Haut nach unten hineinlegen und 20 Minuten köcheln. Flüssigkeit abgießen, Fleisch abtrocknen. Auf der Hautseite langsam 8 bis 10 Minuten anbraten, dann wenden und ebenfalls sanft anbraten. Anschließend auf einer vorgewärmten Platte für rund 4 Stunden in den Ofen stellen.

Maronigremolata: Maroni in etwas Olivenöl bei mittlerer Hitze zart anrösten. Mit Rucola, Mandarinenschale, etwas Saft, Salz, Pfeffer und Mandarinenöl mischen.

Wedges: Süßkartoffeln kalt abspülen, abtropfen lassen und trockentupfen. Eiklar mit 1 Prise Salz etwas aufschlagen (nicht steif schlagen!), die Süßkartoffeln mit der Stärke (z. B. in einem Tiefkühlbeutel) mischen, bis die Kartoffeln von einer dünnen Schicht überzogen sind. Mit dem Eiklar vermischen und auf einem mit Backpapier ausgelegten Backblech verteilen.
Gänsebrust aus dem Ofen nehmen, in Alufolie wickeln. Ofen auf 250 °C Umluft stellen. Ist die Temperatur erreicht, das Backblech hineinschieben und die Wedges 10 Minuten backen. Dann wenden und ungefähr nochmals so lange weiterbacken, bis sie knusprig sind und braune Blasen werfen.

Während die Süßkartoffeln fertigbacken, wird die Gänsebrust sanft auf beiden Seiten in Butter oder Gänseschmalz aufgebraten. Sauce erhitzen.
Fleisch schräg dünn aufschneiden und mit Chipotlesauce, Maronigremolata und den Süßkartoffeln servieren.

Auch Polenta, Gnocchi, Kartoffelknödel, Serviettenknödel oder Pasta eignen sich als Beilagen.
Statt Gänsebrust können Sie auch Entenbrust für dieses Rezept verwenden. Das Fett ebenso einritzen, wie bei der Gänsebrust. Anschließend etwa 9 Minuten auf der Hautseite und 5 Minuten auf der Fleischseite braten. Danach 5 Minuten ruhen lassen und aufschneiden.

Shortribs mit gebackenen Stampfkartoffeln

**Bei uns werden Rinderrippen wie auch Innereien geschmacklich meist unterschätzt. Dabei ist das Fleisch besonders schmackhaft: zart – wenn man es richtig schmort – und geeignet für alle Würzungen.
In den USA sind Shortribs hingegen sehr beliebt und durchaus auch auf den Speisekarten berühmter Köche zu finden. Während für amerikanische Fleischhauer das Zurichten der Rippen Routine ist, muss man in Europa auf den richtigen Schnitt achten. Die Stücke sollten quer über mehrere Rippen geschnitten werden – eigentlich wie Spareribs. Nicht mehr als 7 cm hoch, sonst werden die Stücke zu unförmig – die Shortribs aus diesem Rezept sind ein durchaus elegantes Gericht! Anschließend (das können Sie auch selbst machen) wird das Fleisch nach jeder zweiten oder auch nach jeder Rippe durchgeschnitten.**

ZUTATEN

FLEISCH

1½ kg Rinder-Shortribs, ca. 7 cm hoch
300 ml dunkles Bier

500 ml Chipotlesauce (S. 208)
10 g Schokolade (80 % Kakaoanteil)

STAMPFKARTOFFELN

1 kg festkochende Kartoffeln
80 g Butter
½ TL Salz
Pfeffer
Muskatnuss; frisch gerieben

6–7 cm frische Krenwurzel, geschält
1 Stängel Stangensellerie, fein gewürfelt

ZUBEREITUNG

Ofen auf 120 °C vorheizen.

Fleisch: Das Fleisch nach jeder oder jeder zweiten Rippe durchschneiden, sodass etwa quadratische Fleischstücke (ca. 7 x 7 cm) entstehen. Salzen.
Die Fleischstücke portionsweise in einem schweren Schmortopf mit Deckel in Olivenöl rundherum kräftig anbraten. Mit dem Bier ablöschen und etwas einkochen lassen.
Zudecken und für 1 Stunde in den Ofen stellen.
Chipotlesauce zum Kochen bringen und zum Fleisch gießen.
Zugedeckt weitere 2 bis 3 Stunden oder länger schmoren.
Fleisch herausnehmen, Konsistenz der Sauce überprüfen und eventuell noch etwas einkochen lassen.
Schokolade in die Sauce einrühren, mit Salz, Pfeffer und eventuell noch etwas Chipotle oder Pimentón nachwürzen.
Wenn Sie nicht wollen, dass das Fleisch vom Knochen fällt, können Sie es jetzt auch zu gefälligen Päckchen verschnüren.
Das Fleisch wieder in die Sauce geben und warmstellen.

Stampfkartoffeln: Während das Fleisch schmort, Kartoffeln kochen, schälen und mit dem Kartoffelstampfer oder einer Tasse grob zerstampfen.
¾ der Butter in kleine Stücke schneiden und mit ½ TL Salz, Muskat und Pfeffer unter die Kartoffeln mischen.

Warmgestelltes Fleisch aus dem Ofen nehmen und auf der Herdplatte weiter warmhalten. Ofentemperatur auf 200 °C hochdrehen.

Kartoffelmasse in eine gefettete Auflauf- oder Tortenform füllen, mit der restlichen Butter in Flöckchen belegen und im Ofen ca. 30 Minuten backen, bis die Oberfläche schön braun und knusprig ist.

Kren reiben und mit dem feingewürfelten Sellerie vermischen.
Extra zu den Shortribs servieren.

Nach diesem Rezept lassen sich auch Rindswangerl zubereiten.

Brownies mit Chipotle-Kaffeesirup

Diese Brownies ohne Mehl und „ohne Trara" werden bei uns zu beinahe jedem Familientreffen gebacken. „Ohne Trara", das heißt: kein Wasserbad, kein Schneeschlagen, einfach alles in einen Topf zusammenwerfen, schmelzen, mixen, backen, fertig. Heraus kommt ein herrlich speckiger, saftiger Kuchen.
Die rauchig-scharfen Aromen des Chipotle in eine Süßspeise zu integrieren, war eine sportliche Herausforderung, die längste Zeit fehlte mir etwas an der Rezeptur. Bis mir einfiel, wie in Venezuela nach dem Essen Rum auf den Tisch kommt: in der Flasche, dazu ein Teller mit Kaffeepulver, Zucker und Limettenspalten. Diese werden auf einer Seite in den Kaffee, auf der anderen in den Zucker getaucht, dann ausgelutscht und mit einem Schlückchen Rum hinuntergespült.
Eine spannende Kombination: Kaffee und Limette – die Inspiration für den Kaffeesirup!

ZUTATEN

	TEIG
250 g	Butter
250 g	Schokolade (56 % Kakaoanteil)
150 g	Zucker
5	Eier
1 Prise	Salz
1 Prise	Zimt
3 EL	Maisstärke
	etwas Butter und Mehl für die Form
50 g	Mandelstifte (optional)
	SIRUP
250 ml	Wasser
2 EL	Kaffeepulver
1½ EL	Zucker
2	Würfelchen Schokolade (70 % Kakaoanteil)
1 Prise	Salz
1	Stück Chipotle, ca. 1x1 cm
½ TL	Pimentón
2 TL	Maisstärke
¼	Limette, Schale und Saft

ZUBEREITUNG

Ofen auf 180 °C vorheizen.

Teig: In einen hohen Kochtopf zuerst die Butter geben, darauf Zucker und die in Stücke gebrochene Schokolade – langsam schmelzen lassen. Erst verrühren, wenn die Schokolade beinahe geschmolzen ist. Den Topf vom Herd ziehen und umrühren, bis alles vollständig geschmolzen und vermischt ist. Achtung: Die Masse darf keinesfalls aufkochen, da die Schokolade sonst verbrennt.
Mit dem Handmixer rasch auf kleiner Stufe Eier, Salz, Zimt und zuletzt die Stärke unterrühren. Für die gewünscht speckige Konsistenz nicht unnötig lange schlagen, nur vermischen.

Eine flache Form ausbuttern und mehlen, die Masse hineinfüllen und, sofern erwünscht, mit Mandelstiften bestreuen. Etwa 35 Minuten backen, dabei mit einem Holzstäbchen testen, ob die Browniemasse durchgebacken ist.

Abkühlen lassen.

Sirup: Wasser, Kaffeepulver und Zucker langsam aufkochen und durch ein feines Sieb in einen anderen Topf gießen. Schokolade, Salz, Chipotle und Pimentón hinzufügen, verrühren und 10 Minuten ziehen lassen. Chipotle entfernen, Maisstärke in einer kleinen Menge kaltem Wasser anrühren und zum Sirup geben, nochmals aufkochen. Etwas abkühlen lassen, dann Limettenschale und -saft untermischen.

Brownie in Stücke schneiden und zusammen mit dem Sirup servieren.

Man könnte eine Kugel Vanilleeis zu den Brownies essen, aber pur finde ich es besser und eleganter. Ein guter alter Rum wäre jedoch sicher nicht verkehrt.

Schlosserbuben mit Chipotlezucker

Warum die gebackenen Pflaumen Schlosserbuben heißen, konnte ich bislang nicht herausfinden. Das rauchige Aroma des Chipotlezuckers passt allerdings in jedem Fall sehr gut zur Fruchtigkeit dieses warmen Desserts.

ZUTATEN

16 Dörrpflaumen ohne Kern
250 ml Apfelsaft

80 g Mehl
1 Ei
100 ml Milch

1 EL Maisstärke
½ EL Pimentón

Fett zum Ausbacken

Chipotlezucker (S. 206)

ZUBEREITUNG

Die Dörrpflaumen entweder über Nacht im Apfelsaft einweichen oder kurz mit heißem Wasser überbrühen und abtropfen lassen.

Aus Mehl, Ei und Milch einen Teig rühren, ca. 30 Minuten rasten lassen. Fett auf 180 °C erhitzen, bei der Holzstäbchenprobe sollten kleine Bläschen aufsteigen.

Pflaumen in mit Pimentón gemischter Maisstärke wälzen, in den Teig tauchen und im Fett ausbacken.

Auf Küchenpapier abtropfen lassen und noch heiß mit Chipotlezucker bestreut servieren.

Möchte man die Pflaumen füllen, eignen sich hierzu Walnüsse sehr gut. Für eine allergenfreie Variante lässt sich die Milch einfach durch Kokos-, Mandel- oder Reismilch ersetzen, das Mehl durch glutenfreies oder auch Reismehl.

Das charakteristische Aroma dieser unverwechselbaren Zitrusfrucht könnte man als „irgendwo zwischen Limette und Mandarine" beschreiben.
Sie kommt ursprünglich aus China, die weiteste Verbreitung aber findet die Yuzu in Japan, wo Rinde und Saft häufig in Saucen, Snacks und Süßigkeiten verwendet werden. Angebaut wird sie auf einer einzigen Insel im Süden Japans, Saison ist von Oktober bis Dezember.
Zum ersten Mal begegnete ich der Yuzu vor einigen Jahren in einem Restaurant in Wien – in Kombination mit Karotte war es Liebe auf den ersten Bissen. Von da an machte ich mich nicht nur in Wien auf die Suche nach der mir bis dahin vollkommen unbekannten Zitrusfrucht. Aus Japan brachte ich ein kleines Gläschen getrocknete Schale mit, aus Kanada ein Fläschchen Saft. Schließlich fand ich auch in Wien einen japanischen Laden, in dem all das und außerdem noch tiefgefrorene Yuzuschale vorrätig war – endlich konnte das Kochen beginnen.

Aha-Erlebnisse
Die wichtigste Erkenntnis aus meinen vielen Versuchen war: Yuzu immer erst am Schluss hinzufügen und das Erhitzen möglichst vermeiden. Das betrifft vor allem den Yuzusaft.
Die Schale erweist sich als robuster und, wie immer bei Zitrusfrüchten, als wesentlich aromatischer. Dennoch verwende ich zumindest einen Teil der Gesamtmenge immer erst als Finish, um einen klaren und deutlichen Geschmack zu erzielen.

Lieblingskombinationen wurden einerseits Ei, andererseits mein ebenfalls geliebter grüner, frischer Jalapeño-Chili. Meine „Einstiegsdroge" Karotte verwandelte sich in ein Dessert mit Tapioka (S. 262).
In Japan wird für die sehr verbreitete Ponzusauce aus Tamari, Mirin und einem Zitrusaroma meist Yuzu verwendet. Die Kombination ist ebenso bewährt wie köstlich und wird in diesem Buch als Glasur für die Sardineneclairs verwendet.
Großes Glück bescherte mir ein Sack voll frischer Yuzufrüchte, den mir japanische Freunde mitbrachten. Sie wurden gründlichst gewaschen, entkernt und komplett zu Püree verarbeitet. Das ist deswegen möglich, weil die weiße Schicht unter der Schale bei der Yuzu kaum bitter ist, sondern noch zusätzliches Aroma beisteuert. Dieses Püree wurde dann in esslöffelgroße Portionen geteilt und eingefroren.
Leider sind frische Yuzufrüchte bei uns kaum zu bekommen. Deswegen nutzen Sie die Möglichkeit, wenn Freunde oder Bekannte in den Wintermonaten nach Japan reisen oder japanische Bekannte zu Besuch kommen und lassen Sie sich einige frische Yuzus mitbringen.

Kaufen und Aufbewahren
Zu finden sind die Produkte in japanischen Lebensmittelläden oder im Internet. Am einfachsten bekommt man **getrocknete Yuzuschale**. Sie ist fein zerkleinert in kleinen Gläschen abgefüllt und sehr lange haltbar.
Tiefgefrorene frische Yuzuschale ist wichtig für manche Zubereitungen, weil sie geschmacklich der getrockneten Version deutlich überlegen ist. Die Suche nach einem japanischen Händler in der Nähe lohnt sich, dort könnte sich das eine oder andere Päckchen in der Tiefkühltruhe finden oder

bestellen lassen. Die Schale ist in Zesten eingefroren und lässt sich am besten noch im gefrorenen Zustand hacken.
Yuzusaft ist im Einzelhandel in kleinen Fläschchen zu 150 bis 200 ml erhältlich oder einfach online zu bestellen. Er benötigt im originalverschlossenen Zustand keine Kühlung. Stellen Sie sicher, dass es sich wirklich um Yuzusaft handelt und nicht um den Saft der Zedratzitrone!

Sollten Sie Zugang zum Großhandel haben, wird der Literpreis natürlich wesentlich billiger, doch ist auf jeden Fall zu beachten: Egal, ob groß oder klein, sobald die Flasche geöffnet ist, muss der Saft in den Kühlschrank und verändert auch dort sehr schnell seinen Geschmack. Daher mein Tipp: den Saft sofort nach dem Öffnen der Flasche in Eiskugelbeutel abfüllen und in den Tiefkühler legen. Eine Eiskugel aus dem Beutel entspricht dann etwa 1 EL, also 15 ml.
So haben Sie jederzeit frischen, geschmacklich perfekten Yuzusaft griffbereit.

Fenchelsalat mit Yuzugelee

Das faszinierende Yuzuaroma verflüchtigt sich sehr leicht. Ein geeignetes „Einfangmanöver“ ist das Gelieren – hier gelingt es sehr gut und fügt dem hauchdünnen knackigen Fenchel zusätzlich eine sanfte Textur hinzu.
Dieser Salat passt sowohl als Vorspeise, als Beilage, oder auch in Kombination mit Fisch oder sonstigem Meeresgetier als Hauptspeise.

ZUTATEN

YUZUGELEE

3 Blatt	Gelatine
30 ml	Yuzusaft (entspricht 2 Yuzusaft-Eiskugeln, S. 224)
1 TL	Zucker
2	kräftige Prisen Salz

FENCHELSALAT

2	kleine Fenchelknollen
1	Handvoll kleinste Brokkoliröschen
	Fenchelgrün zum Bestreuen
1 TL	Yuzuschale, tiefgefroren, gehackt oder ½ TL Yuzuschale, getrocknet

MARINADE

1½ TL	Yuzusaft
¼	Limette, Saft
1 TL	Trüffelöl (optional)
½ TL	Salz

ZUBEREITUNG

Yuzugelee: Gelatine einweichen.
Yuzusaft mit Wasser auf 120 ml verdünnen, mit Zucker und Salz abschmecken. Einen Esslöffel der Flüssigkeit zusammen mit der ausgedrückten Gelatine in einem kleinen Topf zergehen lassen, dann die restliche Flüssigkeit einrühren. In ein flaches Gefäß umfüllen und mindestens 1 bis 2 Stunden kühlstellen.

Fenchelsalat: Fenchel der Länge nach möglichst hauchdünn schneiden, die Knolle dazu am besten auf einer Mandoline oder mit einem extrabreiten Sparschäler hobeln. Brokkoli in kleine Röschen zerteilen und das Fenchelgrün hacken.
Alle Zutaten für die Marinade in einer Schüssel verrühren, das Gemüse dazugeben und mischen. Mindestens 20 Minuten, besser aber 1 Stunde ziehen lassen.

Yuzugelee aus dem Kühlschrank nehmen und in kleine Würfel schneiden.

Geleewürfel und die Yuzuschale über dem Salat verteilen und servieren.

Großartig zu diesem Salat passen gebratene Calamaretti – alternativ eignen sich geröstete Cashews und gebratene Birne als feine Ergänzung.

Marinierte Sellerie mit Yuzu und knusprigen Kapern

ZUTATEN

1 mittlere Sellerieknolle

MARINADE

125 ml Kochwasser von der Sellerie, warm
1 Schuss Essig
Salz
Pfeffer
etwas frische oder getrocknete Chili, fein gehackt (optional)
1 Prise Zucker
1 kräftiger Schuss Olivenöl
2 EL Selleriegrün, fein gehackt

CRUMBS

1 Sauerteigciabatta
Olivenöl

2 EL kleine Salzkapern, mehrmals gespült und gewässert
2 TL Olivenöl

ZUM ANRICHTEN

2 EL Yuzusaft
3 EL Olivenöl
½ Zitrone, Schale abgezogen und fein gehackt
1 EL Yuzuschale, tiefgekühlt, fein gehackt

Olivenöl zum Servieren

Knollensellerie wird in Wien meist als Salat oder mit Bröseln paniert und gebacken gegessen. Beides schmeckt gut, hat aber in puncto Aroma durchaus noch Luft nach oben.
Bisher kombinierte ich Sellerie am liebsten mit Zitronenschale und Kapern – mit dem ganz speziellen Aroma der Yuzu wird die hier vorgestellte Version aber noch wesentlich interessanter.

Diesen Salat am Vortag zubereiten.

ZUBEREITUNG

Sellerie: Die Sellerieknolle halbieren, in leicht gesalzenem Wasser knapp weichkochen und eiskalt abschrecken. Kochwasser durch ein Sieb abgießen und etwa 125 ml davon zurückbehalten.
Sellerie schälen und in dünne, aber stabile Scheiben schneiden. In einer größeren flachen Form überlappend anordnen. Das kann auch in mehreren Schichten sein.

Für die Marinade alle Zutaten mischen und über die Sellerie gießen. Abdecken und im Kühlschrank mindestens 1 Tag oder länger durchziehen lassen.

Crumbs: Die Kruste vom Brot abschneiden (diese kann extra getrocknet, zu Bröseln gerieben und anderweitig verwendet werden), das weiche Innere zerzupfen und in Olivenöl knusprig rösten.

Kapern abseihen, mit Küchenpapier gut abtupfen und bei 50 °C im Backofen 20 Minuten lang trocknen. Dann in einer kleinen Pfanne Olivenöl erhitzen und die Kapern darin knusprig rösten.

Anrichten: Auf jedem Teller einige Scheiben Sellerie anrichten, mit Yuzusaft und Olivenöl beträufeln.

Mit Kapern, Zitronen- und Yuzuschale und den Crumbs bestreuen und servieren. Extra Olivenöl auf den Tisch stellen.

Als Ersatz für frische oder tiefgekühlte Yuzuschale kann man eine Mischung aus Limetten- und etwas Mandarinenschale verwenden. Die getrocknete Yuzuschale ist für dieses Gericht nicht geeignet.

Tokio-Ei

Die Geschichte zu diesem Ei handelt, wie der Name verrät, von Tokio. Unterwegs in einer der unglaublichen, riesigen Foodmalls von Tokio überfiel mich – kein Wunder – heftiger Hunger. Zielsicher steuerte ich einen Stand mit Onigiri (S. 178) an und suchte mir ein besonders dickes Exemplar aus. Beim Hineinbeißen entdeckte ich, dass darin ein ganzes, perfekt wachsweich gekochtes, mariniertes Ei steckte.
Am nächsten Tag erklärte mir eine japanische Köchin, wie man diese speziellen Eier zubereitet – und hier sind sie, kombiniert mit Yuzu und meinem Lieblingskohl.

Das Rezept ein paar Stunden früher oder am Vortag beginnen.

ZUTATEN

4	Eier
	MARINADE FÜR DIE EIER
¾ TL	Wasabipaste
150 ml	Sojasauce
2 EL	Reisessig oder Condimento Balsamico bianco
4 cm	Ingwer
250 g	Schwarzkohl
	YUZUVINAIGRETTE
2 EL	Yuzusaft
1 TL	tiefgefrorene Yuzuschale, fein gehackt
1 TL	Zucker
2 EL	Olivenöl
1 EL	Eiermarinade
	Salz (optional)

ZUBEREITUNG

Eier: Die Eier an der flachen Seite mit einer Nadel anstechen, in einem Topf mit lauwarmem Wasser bedecken und zum Kochen bringen. Platte ausschalten, Topf zudecken und 5 Minuten auf der warmen Platte stehenlassen. Kalt abschrecken und noch 2 weitere Minuten in eiskaltem Wasser liegen lassen. Vorsichtig schälen, indem Sie die Schale zuerst zart rundherum anklopfen und das Ei auf der Arbeitsplatte mit leichtem Druck rollen.

Marinade für die Eier: Wasabipaste mit 1 TL Sojasauce glattrühren, dann die restliche Sojasauce und den Essig hinzufügen. Ingwer fein reiben, mit der Hand den Saft zu der Wasabi-Sojasaucen-Mischung pressen. Den ausgepressten Ingwer anderweitig verwenden (etwa einfach in heißes Wasser geben und trinken). Die Marinade nun in einen 3 Liter fassenden Tiefkühlbeutel füllen und die Eier dazugeben. Den Sack in einer passenden Schüssel für mindestens 2 bis 3 Stunden oder länger in den Kühlschrank stellen und öfter wenden, sodass alle Eier gleichmäßig Farbe und Geschmack annehmen.

Von den Schwarzkohlblättern die untersten Stücke der Rippen wegschneiden und einige kleine Blätter zur Seite legen. Die anderen Blätter mit einer Prise Natron in kochendem Wasser 1 bis 2 Minuten blanchieren, kalt abschrecken und gut ausdrücken.

Yuzuvinaigrette: Alle Zutaten für die Vinaigrette gründlich verrühren und bei Bedarf mit Salz abschmecken.

Anrichten: Die blanchierten und die rohen Schwarzkohlblätter fein schneiden und mit der Vinaigrette vermischen. Von den Eiern den oberen Teil so abschneiden, dass der Dotter sichtbar ist.

Die Kohlblätter als „Nest" anrichten und jeweils ein Ei hineinsetzen.

Auch normaler Wirsing eignet sich für diesen Salat. Weitere gute Alternativen sind rohe Spinatblätter, eventuell gemischt mit Rucola und jungen Blättern von roten Rüben oder Radieschen. Ganz wunderbar passt auch Löwenzahn zur entsprechenden Jahreszeit! Die Marinade kann man entweder in anderen Gerichten weiterverwenden oder für die nächsten Tokio-Eier im Tiefkühler aufbewahren.

Eclairs mit Sardine und Ponzuglasur

ZUTATEN

ECLAIRS

250 ml Wasser
75 g Butter
¼ TL Salz
150 g Mehl
3 Eier

SARDINENFÜLLE

1 Dose Sardinen mit Haut, Öl abgegossen
4 Sardellenfilets
1 Zitrone, Schale fein gehackt
1 TL Zitronensaft
1 TL grüner Pfeffer, gemörsert
2 EL Olivenöl
1 kleine gekochte Kartoffel, geschält und zerdrückt (optional)

PONZUGLASUR

2 EL Mirin
1 TL Sojasauce
3 TL Zucker
2 ½ TL Maisstärke, in 2 TL kaltem Wasser angerührt
2 EL Yuzusaft

6 Radieschen, blättrig geschnitten
Frische Kräuterblättchen wie Vogelmiere, kleine Schafgarbe, Löwenzahn, Koriander, Radieschenblätter oder Rucola

Getrocknete Yuzuschale zum Bestreuen

Eclairs sind normalerweise ein süßes, cremegefülltes und glasiertes Gebäck aus Brandteig. Aber es muss ja nicht immer nur süß sein.
Sauer, salzig und süß sind unterschiedliche Elemente der Ponzusauce, die zusammen mit dem Yuzuaroma die Basis für die Glasur schaffen. Für die Fülle habe ich mir die vielfach unterschätzte Sardine aus der Dose ausgesucht und die Kräuter sind wichtig für die Frische. Der letzte Schliff kommt von der Yuzuschale obenauf!

ZUBEREITUNG

Eclairs: Wasser mit Butter und Salz aufkochen, Mehl dazuleeren und mit einem Holzlöffel gut einrühren, bis sich der Teig vom Topfboden löst. Von der Platte nehmen und die Eier nach und nach gründlich untermischen. Abkühlen lassen.

Ofen auf 220 °C vorheizen.

Ein Backblech mit Butter bepinseln und kühlstellen. Teig in einen Spritzbeutel füllen und Stäbchen mit 6 bis 7 cm Länge aufspritzen.
Blech in den Ofen schieben, Temperatur auf 200 °C reduzieren und etwa 15 Minuten backen. Bei offener Ofentüre 3 bis 4 Minuten abkühlen lassen, dann erst herausnehmen. Auf einem Kuchengitter abkühlen lassen.

Sardinenfülle: Sardinen und Sardellenfilets fein zerdrücken, mit den übrigen Zutaten mischen und mit Salz, Pfeffer und Zitrone abschmecken.

Ponzuglasur: Mirin, Sojasauce und Zucker mit 2 EL Wasser aufkochen, die angerührte Maisstärke dazugeben und nochmals aufkochen. Etwas abkühlen lassen und den Yuzusaft einrühren. Vollständig erkalten lassen, die Konsistenz wird nach und nach dicker.

Eclairs halbieren, einen kleinen Klacks der Ponzuglasur hineingeben, mit der Sardinenpaste bestreichen und mit Kräutern und Radieschenscheiben belegen. Die obere Hälfte aufsetzen, Glasur auftragen und mit getrockneter Yuzuschale bestreuen.

Wird das Gericht als Fingerfood fertig zusammengesetzt, sollte es sofort serviert werden, weil der Teig sonst zu viel Feuchtigkeit aufnimmt.
Für eine gemütliche Tafelrunde kann man die vorbereiteten Zutaten auf den Tisch stellen und jeden Gast sein eigenes Eclair zusammenbasteln lassen.

Wenn Sie Backpapier verwenden, muss das Blech zuerst mit etwas kaltem Wasser bespritzt werden, damit das Papier anklebt. So lassen sich die Stäbchen gut aufspritzen.

Heilbutt en papillote mit Yuzu-Miso-Buttersauce

Wer bekommt nicht gern ein Päckchen? In diesem Fall mit einem kompletten Gericht darin. Heilbutt und Mangold werden zu einem „Bonbon" verschnürt und im Ofen gegart. Dass bei diesem Gericht vieles vorbereitet werden kann, hat eine Reihe von Vorzügen. Nicht nur, dass man entspannt Gastgeber sein und mit Freunden locker einen Willkommensschluck trinken kann, jeder bekommt letztlich „sein" Päckchen auf den Teller, dessen Inhalt bis zum Öffnen heiß und aromageschützt bleibt. Kein Anrichten in der Küche und kein Bangen, dass alle ein einigermaßen warmes Essen bekommen – einfach genial. Die aromatische Sauce dazu wird extra zubereitet und balanciert Gemüse und Fisch wunderbar aus. Wenn Sie mit tiefgefrorenem Yuzusaft arbeiten, nehmen Sie 2 Eiskugeln zum Auftauen heraus. Das sind gesamt etwa 30 ml. Diese werden teelöffelweise, wie im Rezept angegeben, verwendet.

ZUTATEN

MANGOLD

- 1 EL Olivenöl
- 2 Knoblauchzehen, angequetscht
- 600 g Mangold, Stiele in ½ cm breiten Streifen, Blätter in 2 cm großen Stücken
- ½ TL Zucker
- 2 TL Mirin
- 1 Spritzer Zitrone

FISCH

- 600 g Heilbutt, in 4 Portionen
- 2 TL Yuzusaft
- 2 TL Olivenöl
- Salz, Pfeffer

Backpapier, Küchenschnur

SAUCE

- 4 EL Sake oder süßer Sherry
- 4 TL Mirin
- 1 TL Zucker
- 4 EL helle Reismisopaste
- 3 EL Butter oder Butterschmalz
- 3 TL Yuzusaft
- 2 TL gehackte Yuzuschale (tiefgekühlt)

ZUBEREITUNG

Mangold: Knoblauchzehen in Olivenöl anschwitzen, Stiele und Zucker hinzugeben und 3 Minuten dünsten.
Die Mangoldblätter dazugeben und weitere 5 Minuten dünsten. Mirin und 1 Spritzer Zitrone hinzufügen, danach salzen und pfeffern. Der Mangold sollte bissfest und beinahe gar sein. Abkühlen lassen und den Knoblauch entfernen. Ofen auf 200 °C vorheizen.

Fischpäckchen: Pro Person 1 Stück Backpapier à 40x30 cm auflegen. Yuzusaft und Olivenöl mischen.
Je ein Viertel der Mangoldfüllung in die Mitte des Backpapiers geben. Fisch salzen, auf das Gemüse setzen und mit der Yuzu-Olivenöl-Mischung beträufeln. Das Papier der Länge nach einschlagen, dabei etwas Luft lassen und die beiden Enden mit Küchenschnur wie ein Bonbon zusammenbinden. Fischpäckchen auf ein Blech legen und für etwa 10 Minuten in den Ofen schieben. Dickere Fischstücke brauchen 15 Minuten. Wenn Sie mehrere Gäste haben und 8 bis 10 Päckchen gleichzeitig zubereiten wollen, müssen Sie etwa die doppelte Zeit rechnen.

Sauce: Sake, Mirin und Zucker zusammen aufkochen und abkühlen lassen. Dann nach und nach Miso und Butter unterrühren, schließlich den Yuzusaft dazugeben. Vor dem Servieren nochmals vorsichtig erwärmen und die Yuzuschale untermischen.
Die Butter darf nicht zu heiß werden, der Yuzugeschmack geht sonst leicht verloren und es besteht Gefahr, dass die Sauce sich trennt. Im Fall des Falles etwas Sake dazurühren – der Alkohol unterstützt das Emulgieren der Sauce. Im Notfall mit dem Mixstab arbeiten.
Diese Buttersauce lässt sich mit heißem Wasser oder Suppe in jede beliebige Konsistenz, von cremig-dick bis zu einem flüssigen Fond, bringen. Ich mag sie am liebsten so ähnlich wie eine gute Sauce Hollandaise.

Mirin ist in Asia-Geschäften erhältlich und kann nicht ersetzt werden. Miso ist nur in größeren Packungen erhältlich, die dann angebrochen im Kühlschrank oft Schimmel ansetzen. Das kann man vermeiden, indem man die Paste einfach im Tiefkühler aufbewahrt. Miso wird tiefgefroren nicht hart, sondern bleibt cremig und kann löffelweise verwendet werden. Die Sauce passt auch zu Huhn und zu vielen Gemüsen.

Clearspring
MIKAWA
MIRIN

Kalbskotelett mit Yuzu-Mandel-Sauce und Romanesco

Die cremige, zart scharfe und zitrusbetonte Sauce begleitet sowohl das feine Kalbfleisch als auch den pittoresken Romanesco ideal. Zudem ist es eines der eleganten Gerichte, die sich fast komplett vorbereiten lassen.

ZUTATEN

SAUCE

- 1 kleine Scheibe trockenes Weißbrot (z.B. Ciabatta)
- ¼ Tasse Mandeln
- ¼ Tasse Olivenöl
- ½ kleiner Jalapeño-Chili
- ¾ TL Salz
- 1½ EL Yuzusaft
- 2 EL Yuzuschale (tiefgekühlt)

GEMÜSE

- 1 Kopf Romanesco
- Salz
- Olivenöl

FLEISCH

- 2 EL Butterschmalz
- 4 Kalbskoteletts mit Knochen
- Salz

ZUBEREITUNG

Sauce: Mandeln und Weißbrot in der Küchenmaschine fein zerkleinern. Jalapeño entkernen und je nach Schärfegrad Menge bestimmen. Klein schneiden, mit den restlichen Zutaten für die Sauce vermengen und mixen. Mit heißem Wasser oder Suppe zu einer cremigen Konsistenz verdünnen und nochmals abschmecken.

Gemüse: Romanesco im Ganzen etwa 5 Minuten in kochendem Wasser knapp bissfest garen. Mit einem Siebschöpfer herausnehmen (Wasser aufbewahren) und sofort in einer Schüssel mit eiskaltem Wasser abkühlen – so behält der Romanesco seine Farbe und kann dadurch bis zu diesem Punkt vorbereitet werden.

Fleisch: Ofen auf 120 °C vorheizen.
Kalbskoteletts salzen, Butterschmalz in einer Pfanne aufschäumen lassen und die Koteletts darin von beiden Seiten kräftig bräunen. Auf eine Platte legen und für 10 Minuten in den Ofen stellen. Das Fleisch sollte innen noch rosa sein.

Den Romanesco kurz vor dem Servieren zum Aufwärmen in das nochmals erhitzte Kochwasser geben.

Sauce auf mittlerer Hitze vorsichtig erwärmen, dabei wiederholt umrühren. Romanesco aus dem Wasser nehmen, abtropfen lassen und auf eine passende vorgewärmte Platte setzen. Mit Olivenöl beträufeln und mit Fleur de Sel bestreut auf den Tisch stellen – dieses Gemüse ist einfach ein Kunstwerk für sich. Koteletts auf vorgewärmten Tellern anrichten und mit der Mandelsauce servieren.

Wenn Sie keinen Romanesco bekommen, passt auch Brokkoli oder anderes Gemüse, das sich mit dem starken Yuzuaroma gut verträgt. Die Sauce ist vielseitig verwendbar: zu Huhn, Pasta und allen möglichen Gemüsesorten. Auch kalt ist sie köstlich.
Noch ein Wort zu Jalapeños. Sie kommen öfter in diesem Buch vor, ohne ein eigenes Kapitel bekommen zu haben, das sie eigentlich verdient hätten. Jalapeños haben ein erkennbar spezielles Aroma, sie müssen frisch und grün sein, getrocknet schmecken sie vollkommen anders. Man findet sie immer öfter in Supermärkten – oder vielleicht können Sie welche von einer Reise mitnehmen. Kaufen Sie ruhig einen Vorrat ein. Man muss die Chilis nur halbieren, entkernen und einzeln verpackt in den Tiefkühler stecken. Nach dem Auftauen ist die Konsistenz zwar etwas anders, aber die Chilis erfüllen in den Gerichten noch immer bestens ihren Zweck.

Financiers à la Yuzu

Im Frankreich des 17. Jahrhunderts ursprünglich unter dem Namen „Visitandines" von Ordensschwestern gebacken (ohne Yuzu!), wurde das in Vergessenheit geratene Rezept für die ovalen Küchlein Ende des 19. Jahrhunderts von einem Pariser Bäcker wiederbelebt.
Seine Hauptklientel waren „Financiers", Finanzleute von der Börse um die Ecke, und so kam ihm eine geniale Marketingidee: Er gab den Küchlein die Form eines Goldbarrens und einen neuen, zündenden Namen!

ZUTATEN

für etwa 12 Financiers, abhängig von der Größe der Förmchen

40 g	griffiges Mehl
70 g	Staubzucker
60 g	geschälte Mandeln, sehr fein gerieben
4	Eiklar (ca. 140 ml)
80 g	gebräunte Butter
2 EL	Yuzuschale (tiefgekühlt), gehackt

ZUBEREITUNG

Ofen auf 200 °C vorheizen.
Für die Financiers gibt es spezielle Silikonbackformen, diese mit Butter ausstreichen.

Alle trockenen Zutaten mischen. Eiklar unterrühren, schließlich die flüssige Butter hinzufügen. Zuletzt die Yuzuschale unterheben. In die Förmchen füllen und 15 bis 20 Minuten backen.

Die Financiers aus den Förmchen stürzen und noch lauwarm oder kalt servieren.

Die Küchlein schmecken sehr fein zum Tee, aber auch als Dessert, zum Beispiel mit Eis, sind sie eine Köstlichkeit.

Nicht klassisch, aber noch saftiger und intensiver ist diese Variante: **2 TL Yuzusaft** und **1 TL flüssigen Honig** verrühren und auf die noch warmen Financiers pinseln oder träufeln. Mit **1 TL getrockneter Yuzuschale** bestreuen.

Man kann natürlich auch Muffin- oder Madeleineformen oder selbst eine große Kuchenform verwenden, die Butter muss aber unbedingt gebräunt sein, das ist Teil des charakteristischen Geschmacks!

Yuzu-Jalapeño-Sorbet mit Croustillants

Durch sein zitrusbetontes und leicht scharfes Aroma eignet sich dieses Sorbet auch sehr gut als Zwischengang in einem größeren Menü. Beide Geschmacksrichtungen wirken verdauungsanregend und schaffen so wieder Platz für nachfolgende Gänge. Konzipiert ist das Sorbet eigentlich als erfrischendes Dessert oder als Sommerjause. Dazu passen hauchzarte knusprige Croustillants.

ZUTATEN

SORBET

100 g	Zucker
400 ml	Wasser
1	Blatt Gelatine, in kaltes Wasser eingeweicht
8 EL	Yuzusaft
1	Jalapeño, feingehackt
2 EL	Yuzuschale, fein gehackt (tiefgefroren)

CROUSTILLANTS

30 g	Mehl
100 g	Zucker
1 Prise	Salz
1 Msp.	Vanille
1	Eiklar

ZUBEREITUNG

Sorbet: Jalapeño unbedingt kosten und nur in Etappen zugeben!
Zucker in Wasser aufkochen, Gelatine ausdrücken, einrühren und abkühlen lassen.
Yuzusaft, Yuzuschale und Jalapeño dazurühren. In eine flache Schale füllen, in den Tiefkühler stellen und alle 30 Minuten mit einer Gabel durchrühren.

Croustillants: Ofen auf 200 °C vorheizen.
Zuerst die trockenen Zutaten mischen, dann das Eiklar einarbeiten, bis eine glatte Masse entstanden ist.
Ein Backblech auf der Unterseite leicht befeuchten und mit einem Bogen Backpapier belegen.
Teigmasse in einen Spritzsack füllen, eine sehr kleine Spitze abschneiden und in größeren Abständen unregelmäßige runde Formen mit Löchern aufspritzen.
Die Masse zerrinnt sehr stark, deswegen müssen die Löcher relativ groß sein, wenn sie bleiben sollen.
Für 5 Minuten auf mittlerer Höhe in den Backofen schieben, dann die Vorderseite des Blechs nach hinten drehen und weitere 5 Minuten backen.

Blech herausnehmen, das Papier mitsamt den Keksen herunterziehen und auskühlen lassen. Dann erst vorsichtig vom Papier lösen und auf einem Kuchengitter vollständig austrocknen lassen.

Tapioka

Tapioka zählt in Asien, Afrika und Südamerika zu den Grundnahrungsmitteln und besteht zur Gänze aus Stärke. Mir ist bewusst, dass „Gesundheitsapostel" darum vermutlich wenig Freude mit dieser Zutat haben, trotzdem bitte ich hier um freundliche Nachsicht, denn: Tapioka macht einfach unglaublich viel Spaß!
Sowohl die Konsistenz als auch die Form machen die Stärkeperlen zum Spielzeug in Mund und Küche. Tapioka hat keinen Eigengeschmack, ihre Bereitwilligkeit, alles an Aromen aufzunehmen und zu transportieren, lässt sie daher zur perfekten Bühne für die „Akteure" dieses Buches werden. Aus sportlichem Ehrgeiz machte ich mich also an die spannende Herausforderung, mit jeder meiner in diesem Buch vorgestellten Zutaten ein Tapiokarezept zu entwickeln – so entstanden kalte und warme, suppige und feste, süße und salzige Zubereitungen, Würste, Blinis, Füllungen und Mayonnaise. Die Möglichkeiten waren grenzenlos und ich war beinahe traurig, als ich die Aufgabe erfüllt hatte.

Einkauf
Tapioka bekommt man als trockene, weiße Kügelchen in verschiedenen Größen und mit zwei verschiedenen Bezeichnungen:
Erstens als **Tapiokaperlen** – der Inhaltsstoff wird aus der stärkehaltigen Wurzel des in Brasilien heimischen Maniok- oder auch Kassavabaumes, der auch in Südostasien und Afrika kultiviert wird, gewonnen. Zweitens gibt es noch **Sagoperlen** – diese werden aus dem Inneren des Stammes der Sagopalme hergestellt.
Das Ergebnis ist im Grunde das Gleiche, bei Geschmack, Konsistenz und Kochverhalten gibt es keine wesentlichen Unterschiede.
Die Größe der Perlen variiert von 2 mm (klein) bis ca. 7 mm (groß) Durchmesser. Die Mittelgröße, die in diesem Buch hauptsächlich verwendet wird, hat einen Durchmesser von etwa 4 mm und wird im Handel oft in Form von Sagoperlen angeboten, während die beiden anderen Größen meist als Tapioka in asiatischen Geschäften vorrätig sind.

Bekannt wurde Tapioka vor einigen Jahren durch ein Getränk namens Bubble Tea, das aus Taiwan kam und von dort aus als Trendgetränk buchstäblich in andere Länder und Kontinente blubberte. Dieses Produkt besaß am Anfang natürlich einen hohen Spaßfaktor, kam aber schnell wieder aus der Mode, wodurch auch Tapioka vorläufig wieder aus dem Bewusstsein der Konsumenten verschwand.
Ich selbst wurde beim Besuch meines Lieblingsvietnamesen auf Tapioka aufmerksam. Dort wird als Abschluss des Essens immer ein kleines Schälchen mit Tapioka in Kokosmilch serviert: kühl, erfrischend und kugelrund verspielt. Damit wollte ich unbedingt zuhause weiterspielen, scheiterte aber an der gewaltigen Klebekraft der gekochten Perlen und an einigen anderen tückischen Eigenheiten. Diese habe ich für Sie im Folgenden zusammengefasst – inklusive der nötigen „Nahkampftechniken".

Tapioka kochen
Wer glaubt, Tapioka wäre so einfach zu kochen, wie ein Ei, der irrt. Wobei ... wirklich schwierig ist es auch nicht, man sollte nur ein paar Kleinigkeiten wissen:
Tapioka al dente ist für mich ein genauso großes Missverständnis wie Linsen oder Bohnen al dente. Tapioka sollte immer weitgehend weichgekocht werden.

Wenn Tapioka in warmen Gerichten verwendet wird, muss sie zu etwa ¾ vorgekocht, dann sehr gründlich kalt gespült und erst kurz vor dem Servieren in der geschmacksgebenden Flüssigkeit fertig gegart werden. Sonst zieht sie unbegrenzt Flüssigkeit an und wird zu einer klebrigen Pampe. Kosten Sie jedoch immer wieder zwischendurch, um den gewünschten Gargrad zu erzielen.
Ähnlich wie bei Risotto sollte die Tischgesellschaft lieber auf die Tapioka warten als umgekehrt!

Die gespülte Tapioka verklebt trotzdem immer noch leicht zu einer festen Masse. Will man das verhindern, mischt man sie am besten direkt nach dem Kochen mit etwas Salz. Auch Öl funktioniert, will man aber nicht immer haben.
Muss man verklumpte Tapioka wieder in Kügelchen zerlegen, macht man das am besten unter kaltem, fließenden Wasser mit den Fingern. Versuchen Sie es auf keinen Fall mit trockenen Händen! Die Klebekraft ist enorm.

Tapioka immer in einer großzügigen Wassermenge kochen. Die Perlen geben während des Kochens sehr viel Stärke ab und verwandeln sonst das Kochwasser in eine leimähnliche Sauce. Das Wasser sollte außerdem während der gesamten Kochzeit sprudelnd kochen. Keinesfalls zudecken!
In regelmäßigen Abständen umrühren und angeklebte Perlen vom Topfboden losschaben.

Im Rezept wird immer angegeben, ob es sich um kleine (2 mm), mittlere (4 mm) oder große (7 mm) Perlen handelt. Je nachdem ergibt sich die Kochzeit für die fertig gegarten Kügelchen:
klein (2 mm) – etwa 13 Minuten
mittel (4 mm) – etwa 20 Minuten
groß (7 mm) – etwa 45 Minuten

Die großen Perlen verwende ich eher selten, aber wenn, dann benötigen sie die doppelte Menge Wasser, weil sich in der längeren Garzeit sehr viel Flüssigkeit verkocht und auch mehr Stärke abgegeben wird.

Volumenmaße für mittelgroße Tapiokaperlen:
140 g entspricht etwa einer ¾ Tasse
190 g entspricht 1 ganzen Tasse

Für ein warmes risottoähnliches Gericht wie die Steinpilztapioka (S. 252) muss man 70 bis 80 g Tapioka pro Person rechnen. Für ein Dessert zum Abschluss eines Essens wie die Safrantapioka (S. 260) genügen 30 bis 40 g pro Person.
Werden die Tapiokaperlen noch in eine andere Masse gerührt, wie bei den Tapiokablinis (S. 256) genügt weniger.

Grundrezept für mittelgroße Tapiokaperlen
100 g Tapioka
etwa 1½ Liter Wasser

Zubereitung: Wasser im Topf zum Kochen bringen, Tapioka hineinleeren, umrühren. Offen sprudelnd kochen lassen, bis die gewünschte Konsistenz erreicht ist, dabei wiederholt umrühren.
In ein feinmaschiges Sieb abgießen und sofort unter fließendem kaltem Wasser gründlich abspülen. Dazu die Perlen mit der Hand durchrühren, damit das Wasser auch wirklich überall hinkommt und die freie Stärke so gut wie möglich entfernt wird.
Abtropfen lassen, eventuell etwas Salz untermischen, um ein Verkleben zu verhindern und bis zur weiteren Verwendung beiseitestellen.
Gekocht lassen sich die Perlen auch sehr gut portionsweise einfrieren. Sie können dem Gericht dann direkt tiefgefroren zugefügt werden und in der Sauce auftauen.

Semmel mit Feigenblattmayonnaise und Tapioka

Eine meiner besten Jugendsünden: die Mayonnaisesemmel nach der Schule beim Greißler ... da standen wir dann, fünf oder sechs Mädels mit Schottenröcken, Kniestrümpfen, einem kleinen Übergewicht und einer herrlichen, überquellenden Semmel – welch ein Genuss!
Es war für mich wie ein Déjà-vu, als ich meiner Frauen-Verkostungstruppe die Feigenblattvariante mit Tapioka vorsetzte. Wir standen in der Küche und konnten gar nicht genug bekommen von der aromatisch-üppigen Jugendsünde.

ZUTATEN

50 g	Tapiokaperlen, mittelgroß
	Salz
1	kleine Karotte, geschält
½	kleine Petersilienwurzel, geschält
50 g	junge (Tiefkühl-)Erbsen
1 EL	Feigenblattessig (S. 64)
¼	TL Salz

MAYONNAISE

1	Ei
2 EL	Feigenblattessig
½	TL Salz
¾	Tasse Feigenblattöl (S. 64)
4	Handsemmeln

ZUBEREITUNG

Tapioka in reichlich Wasser ca. 20 Minuten kochen und kalt abspülen.
Mit etwas Salz mischen und vollständig abkühlen lassen.
Karotte und Petersilienwurzel in kleine Würfel schneiden und mit den Erbsen in möglichst wenig Wasser bissfest dünsten. Abkühlen lassen und die verbliebene Flüssigkeit abgießen.

Mayonnaise: Alle Zutaten müssen Zimmertemperatur haben.
Die Zutaten für die Mayonnaise in einen hohen, möglichst schmalen Mixbecher füllen. Den Pürierstab hineinstellen und durch sehr langsames Hochziehen in etwa 1 Minute eine feste Mayonnaise herstellen.
Mit dem Gemüse und der Tapioka mischen und mit Salz und Essig abschmecken.

Die Semmeln aufschneiden, mit der Mayo füllen und servieren.

Gegessen werden die Hälften natürlich extra, weil es sonst ein Desaster gibt! Alternativ die Mayo auf kleinen Scheibchen Baguette anrichten.

Variante **„Russische Eier“**: So altmodisch, dass es fast schon wieder modern ist!
Zubereitung des Rezepts wie oben beschrieben. Zusätzlich **6 Eier** hart kochen, halbieren, Eidotter herausnehmen und entweder anderweitig verwenden oder zerdrücken, unter die Mayo mischen und die Eihälften damit füllen.
Mit je einem Salatblatt auch gut fingerfoodtauglich.

Gekochte Eidotter lassen sich zum Beispiel auch zerdrückt mit Butter auf gekochtem Spargel essen, in eine Salatsauce verarbeiten oder zusammen mit geriebenem Kren, Essig und Olivenöl über geschnittene Tomaten geben. Auch die typisch österreichische Schnittlauchsauce wird klassisch mit gekochtem Dotter zubereitet.

Kohlrabisuppe mit Tapioka und Holunderblüte

Kohlrabi ist eines der zartesten und saftigsten Gemüse, die ich kenne. Roh einfach köstlich als Carpaccio (S. 46) oder kurz gegart als Püree, knackiges Gemüse oder eben als Suppe. Seine geschmackliche Feinheit macht Kohlrabi außerdem zum idealen Partner für zierliche Aromen wie Vanille und Holunder.

ZUTATEN

100 g	Tapiokaperlen, mittelgroß
150 g	Erbsen
1 Prise	Natron
½ TL	Salz
600 g	Kohlrabi, geschält, in kleine Stücke geschnitten
	Salz
1 Msp.	Vanille
1 EL	Butter
3 EL	Holunderbutter (S. 14)
2–3	Holunderblütendolden
	Fleur de Sel

ZUBEREITUNG

Tapioka in 1½ Liter Wasser etwa 20 bis 22 Minuten weichkochen, dabei immer wieder umrühren. Abgießen und unter fließend kaltem Wasser gründlich abspülen.

Die Erbsen mit einer Prise Natron in Salzwasser 3 Minuten lang blanchieren, dann eiskalt abschrecken.
Tapioka und Erbsen mit dem Salz mischen und zur Seite stellen.

Kohlrabi mit Wasser bedecken und nicht länger als 5 bis 7 Minuten weich kochen, weil sonst ein unangenehmer Kohlgeruch und -geschmack entsteht. Deshalb ist es auch nötig, den Kohlrabi relativ klein zu schneiden. Anschließend mit dem Pürierstab oder im Standmixer mit Salz, Vanille und der Butter fein mixen.

Holunderbutter bei mittlerer Hitze in einem kleinen Pfännchen aufschäumen, Blütendolden hineingeben und knusprig braun werden lassen.
Auf Küchenpapier abtropfen lassen und mit Fleur de Sel bestreuen.

Suppe nochmals zum Kochen bringen und abschmecken.

Die Erbsen-Tapioka-Mischung auf vorgewärmten Tellern mittig anrichten, eine Knusperblüte obenauf legen und erst bei Tisch die heiße Suppe dazugießen.

Die heiße Butter extra servieren.

Chipotletapioka, grünes Radieschenpesto und Räucherforelle

Schaut aus wie großer Forellenkaviar, entpuppt sich aber dann als rauchig-scharfe, Mund und Magen angenehm füllende Stärkekügelchen. Mir gefällt das Gericht sowohl warm als auch in der kalten Version – es lässt sich sehr gut als sommerliche Vorspeise für mehrere Leute vorbereiten.

ZUTATEN

	TAPIOKA UND FISCH
280 g	Tapiokaperlen, mittelgroß
600 ml	Rind- oder Hühnerfond
1	ganze geräucherte Forelle oder 1 geräucherter Saibling, enthäutet und filetiert (Haut und Gräten aufbewahren)
1	Stück Chipotle (ca. 2x2 cm) entkernt, eingeweicht und gehackt
2 TL	Pimentón
1 EL	Olivenöl
	Salz, Pfeffer
	Zitrone
	PESTO
	Blätter von einem Bund Radieschen oder Rucola
	Salz
100 ml	Olivenöl
2	Spritzer Zitronensaft

ZUBEREITUNG

Tapioka: Die Tapiokaperlen in etwa 2 ½ Liter kochendem Wasser 13 Minuten garen, dabei immer wieder umrühren. Die Perlen sollten noch einen weißlichen, härteren Kern besitzen. Durch ein Sieb abgießen und gründlich kalt abspülen. Mit etwas Salz mischen und beiseitestellen.

Fond zusammen mit Chipotle aufkochen, Haut, Kopf und Gräten vom Fisch dazugeben und ca. 30 Minuten bei kleiner Hitze ziehenlassen. Dann durch ein Sieb in einen anderen Topf gießen. Pimentón, Salz und Pfeffer hinzufügen.

Pesto: Für den Pesto alle Zutaten mit dem Pürierstab mixen.

Bis hierher kann das Rezept vorbereitet werden.

Fisch: Vor dem Servieren Forellenfilets bei 60 °C im Ofen anwärmen.

Den Fischfond aufkochen, Tapioka mit nassen Fingern auseinanderzupfen, zum Fond geben und bei kleiner Hitze fertiggaren. Abdrehen und zugedeckt ziehenlassen. Olivenöl unterrühren und nochmals mit Salz, Pfeffer, Zitrone und Pimentón abschmecken.
Ist die Tapioka zu dickflüssig geworden, mit etwas heißem Wasser auf Risottokonsistenz verdünnen.

Auf vorgewärmten Tellern mit dem Fisch belegen und mit etwas Pesto anrichten. Restlichen Pesto extra dazu servieren.

Hier die **kalte Variante:** Die im Fond fertiggekochten Tapiokaperlen in geölte Förmchen füllen und kaltstellen. Zum Servieren stürzen, mit Fisch belegen (auch geräucherter Aal, Chorizo, Räuchertofu, ein gegrillter Pilz oder eine gegrillte Aubergine passen) und mit Pesto anrichten. Diese Menge ergibt ca. 8 kleine kalte Vorspeisenportionen.

Calamari mit Passionsfrucht-Tapioka-Fülle

Calamari bieten sich zum Füllen ganz einfach an. Gelegentlich findet man sie auf einer Speisekarte mit Blutwurst oder mit Reis und Chorizo gefüllt. Tapiokaperlen sind aufgrund ihrer Konsistenz ein kongenialer Compagnon, die Passionsfrucht passt generell zu allen Meeresfrüchten und ganz besonders zu Calamari und Co.

ZUTATEN

200 g Tapiokaperlen, mittelgroß

12 kleine Calamari oder 4 mittelgroße Sepien

2 EL Olivenöl
1 Schalotte, klein gewürfelt
1 kleiner Chili ohne Kerne, fein gehackt
100 ml Gemüsefond

1 Zubereitung Passionsfruchtchutney (S. 190)

1 Limette, Schale abgezogen und fein gehackt
½ Limette, Saft

Salz, Pfeffer

je 2 EL Olivenöl und Butter zum Braten

ZUBEREITUNG

1½ Liter Wasser in einem mittelgroßen Topf zum Kochen bringen, Tapioka hineingeben, gut umrühren und 18 bis 20 Minuten unter wiederholtem Rühren sprudelnd kochen lassen. Die Tapiokaperlen sollten nur mehr einen kleinen weißen Kern und noch etwas Biss haben.

Abseihen und gründlich mit kaltem Wasser abspülen.

Calamari putzen: Kopf und Arme aus den Calamari ziehen und beiseitestellen. Das Innenskelett aus dem Tubus ziehen und Tubus gut auswaschen.
Den harten Kopfteil von den Tentakeln schneiden und die Arme klein hacken.

In einer Pfanne das Olivenöl heiß werden lassen, Schalottenwürfel und Chili bei Mittelhitze weichschmoren. An den Pfannenrand schieben, Hitze erhöhen und die kleingehackten Calamariarme in der Pfanne anrösten, kräftig salzen und pfeffern.
Mit dem Gemüsefond ablöschen, Tapiokaperlen hinzufügen und verrühren. Herdplatte abschalten und abkühlen lassen. Die gesamte Flüssigkeit sollte nach und nach von den Tapiokaperlen aufgenommen werden.
Limettenschale und Saft zusammen mit 1 EL Passionsfruchtchutney untermischen, nochmals mit Salz und Pfeffer abschmecken.

Calamari mit der Tapiokamasse füllen und mit 1 bis 2 Zahnstochern verschließen. Dazu verwendet man am besten einen kleinen spitzen Löffel und achtet darauf, dass noch etwas Platz bleibt, weil sich das Verschließen sonst schwierig gestaltet. Außerdem dehnt sich die Füllung beim Braten aus und bringt die Calamari zum Platzen, wenn sie zu prall gefüllt sind.

Ofen auf 80 °C vorheizen.

In einer beschichteten Pfanne Olivenöl und Butter heiß werden lassen und die Calamari von allen Seiten goldbraun braten.
Zum Nachziehen auf einer Platte 10 Minuten lang in den vorgewärmten Ofen stellen.

Mit dem restlichen Passionsfruchtchutney und einem kleinen Blattsalat servieren.

Steinpilztapioka mit Fenchelblütenöl

Für mich bedeuten getrocknete Steinpilze geballtes Aroma und ich verwende sie häufig, um Gerichte mit frischen Stein- und anderen Pilzen geschmacklich zu intensivieren.

ZUTATEN

FENCHELBLÜTENÖL

1 TL Fenchelblüte, fein gemörsert
50 ml mildes Olivenöl

280 g mittelgroße Tapiokaperlen

FOND

10 g getrocknete Steinpilze

1 EL Olivenöl
1 Schalotte, klein gewürfelt
1 Knoblauchzehe, angequetscht
500 ml Hühner- oder Gemüsefond
Salz
Pfeffer

FRISCHE PILZE

1 EL Olivenöl
200 g frische Pilze (Steinpilze, Austernpilze, Champignons, Kräuterseitlinge ...), geputzt und in dünne Scheiben geschnitten

ZUBEREITUNG

Fenchelblütenöl: Fenchelblüte in einem kleinen Topf mit dem Olivenöl sanft auf maximal 60 °C erwärmen und stehenlassen.

Tapioka: 2 ½ Liter Wasser in einem großen Topf zum Kochen bringen, Tapioka hineingeben, gut umrühren und 13 Minuten unter wiederholtem Rühren sprudelnd kochen lassen. Die Tapiokaperlen sollten noch einen festen weißen Kern haben.
Abseihen und gründlich mit kaltem Wasser abspülen. Mit etwas Salz vermischen.

Fond: Die getrockneten Steinpilze in 250 ml lauwarmem Wasser mindestens 20 Minuten lang einweichen. Danach die Flüssigkeit durch ein feines Sieb gießen, um eventuelle Erdreste herauszufiltern und die Flüssigkeit aufbewahren. Steinpilze klein hacken.

Schalotte und Knoblauch in Olivenöl anschwitzen, die gehackten Steinpilze dazugeben und kurz mitschmoren lassen. Mit dem Steinpilzsud und dem Fond aufgießen und ca. 10 Minuten leicht köcheln lassen.

Bis zu diesem Punkt kann das Gericht vorbereitet werden.

Fertigstellen: Kurz vor dem Servieren den Fond wieder zum Kochen bringen und die Tapiokaperlen dazugeben. Unter Rühren 3 bis 4 Minuten auf mittlerer Hitze weiterkochen, dann abdrehen und zugedeckt einige Minuten ziehenlassen, bis die Tapiokaperlen weich sind. Wenn nötig, mit Salz und Pfeffer abschmecken. Das Gericht sollte etwa die Konsistenz eines Risottos haben. Wenn es zu fest geworden ist, einfach mit etwas kochendem Wasser verrühren.

Frische Pilze: In der Zwischenzeit die geputzten Pilze in Olivenöl braten, salzen und pfeffern.

Tapioka in vorgewärmten tiefen Tellern zusammen mit den gebratenen Pilzen anrichten. Erst bei Tisch mit dem Fenchelblütenöl beträufeln.

Tapiokabratwurst mit Liebstöckl

Für mich zählen Würste zu den großartigsten kulinarischen Erfindungen überhaupt. In unglaublicher Vielfalt sind sie weltweit zu finden und immer ein spannendes Geschmackserlebnis. (Wurstrezepte siehe auch S. 28 und S. 136)
Diese tapiokagefüllten Exemplare mit Reispapierhülle und Liebstöcklaroma können es durchaus mit ihren Angehörigen aus der großen Wurstfamilie aufnehmen.

ZUTATEN

280 g Tapiokaperlen, mittelgroß

MARINADE
120 ml Gemüsefond
150 g gekochter Schinken, klein gewürfelt
1 Bund frischer Liebstöckl, gehackt oder aus dem Tiefkühlfach
1 Zweig Thymian, gehackt

Salz, Pfeffer

WURSTHÜLLE
1 Packung Reispapierblätter, quadratisch oder rund, ca. 22 cm Durchmesser

Küchenschnur, Schere, flüssige Butter oder Olivenöl zum Bepinseln

Butter oder Butterschmalz und Olivenöl zum Braten

DIP
40 ml Aceto Balsamico (dunkel)
60 ml Apfelsaft
2 TL Zucker

ZUBEREITUNG

2 ½ Liter Wasser in einem Topf zum Kochen bringen, Tapioka hineingeben, gut umrühren und ca. 15 Minuten unter wiederholtem Rühren sprudelnd kochen lassen. Die Tapiokaperlen sollen nur mehr einen minimalen weißen Kern und kaum noch Biss haben. Abseihen und gründlich mit kaltem Wasser abspülen.

Marinade: Fond aufkochen, Schinkenwürfel dazugeben, etwas abkühlen lassen. Liebstöckl und Thymian untermischen, mit Salz und Pfeffer abschmecken. Tapioka in die vorbereitete heiße Marinade geben und verrühren. Ziehenlassen, bis die Flüssigkeit aufgenommen ist. Vollständig abkühlen lassen.

Dip: Apfelsaft, Balsamico und Zucker zusammen aufkochen und einige Minuten bis zu sirupartiger Konsistenz reduzieren lassen.

Wurst: Ein sauberes Geschirrtuch befeuchten und auf die Arbeitsfläche legen. Jeweils ein Reispapierblatt in eine Schüssel mit lauwarmen Wasser legen, nach 10 Sekunden abtropfen lassen, auf der Arbeitsfläche ausbreiten und warten, bis es weich genug zum Rollen ist.
Füllung in 8 Portionen teilen und jeweils in Form einer Rolle von ca. 10 cm Länge und 3 cm Durchmesser im unteren Drittel des Blattes auftragen, dabei rechts und links jeweils 2 bis 3 cm frei lassen.
Von unten beginnend langsam und fest aufrollen. Die Enden fest zusammendrehen und mit Küchenschnur zu Wurstzipfeln abbinden. Überlänge abschneiden. Rundherum mit Butter bepinseln und auf einen mit Butter bestrichenen Teller legen. Mit einem feuchten Küchentuch abdecken. Die Würste dürfen einander nicht berühren, weil sie sonst zusammenkleben.

In einer beschichteten Pfanne reichlich Butter und etwas Olivenöl aufschäumen, Würste einlegen und langsam rundherum braun und knusprig braten. Dabei unbedingt wieder darauf achten, dass die Würste genügend Abstand zueinander haben, damit sie nicht aneinanderkleben und reißen.

Noch heiß mit dem Dip servieren. Dazu passt am besten ein knackiger Salat oder auch Sauerkraut.

Für eine vegetarische Version kann man den Schinken durch **60 g kleingehackte Pilze**, wie Steinchampignons, Steinpilze oder Austernpilze ersetzen. Auch andere Kräuter können diesen Würsten einen interessanten Charakter geben – versuchen Sie es einmal mit Estragon oder Koriander.
Der Dip lässt sich noch einfacher herstellen, indem man **100 ml Granatapfelsaft** mit **2 TL Zucker** zu Sirup kocht.

Tapiokablinis mit Rosenrahm

Ich mag Blinis wegen ihrer besonderen Flaumigkeit, die man normalerweise nur mit einem Hefeteig erzielen kann. In diesem Rezept bringt Tapioka zusätzliches Volumen und extra Struktur – mit dem Rosengewürz kommt eine salzige Komponente ins Spiel.
Der Rosenrahm muss einige Zeit ziehen, damit sich das gesamte Aroma entfaltet, deshalb sollte am besten damit begonnen werden.

ZUTATEN

	ROSENRAHM
1	Limette, Schale abgerieben
¼	Limette, Saft
2 TL	Rosengewürz (S. 152)
2 TL	Rosenblüten, gehackt
250 ml	Sauerrahm
50 g	Tapiokaperlen, mittelgroß
	TEIG
¾	Tasse Mehl
½ TL	Backpulver
½ TL	Salz
½	Tasse kaltes Mineralwasser, prickelnd
1	Ei
	Butterschmalz zum Backen
1 EL	Rosenblüten gehackt zum Bestreuen

ZUBEREITUNG

Rosenrahm: Für den Rosenrahm alle Zutaten verrühren und mindestens 30 Minuten durchziehen lassen. Vor dem Servieren nochmals abschmecken.

Tapioka in reichlich Wasser 20 Minuten kochen. Abgießen, gründlich kalt spülen, leicht salzen, durchmischen und beiseitestellen.

Teig: Mehl zuerst mit Backpulver und Salz vermischen, dann Mineralwasser und Ei mit dem Handmixer einrühren.
Tapioka mit einer Gabel unter den Teig mengen. Die Konsistenz sollte etwa wie die eines dicken Palatschinkenteiges sein.

Ofen auf 80 °C vorheizen.

Diese Masse legt sich ziemlich leicht an. Daher ist es wichtig, dass die Pfanne heiß genug und bei der ersten Staffel genügend Fett in der Pfanne ist.

Aus der Masse mit einem Esslöffel kleine Blinis in die Pfanne setzen. Mit dem Löffelrücken flach drücken und knusprig backen. Sobald die Oberfläche gestockt ist, wenden und auch die andere Seite knusprig backen. Wenn Sie eine Krapfenpfanne mit Vertiefungen besitzen, können Sie diese auch verwenden. Sie müssen nur etwas mehr Teig einfüllen.

Auf Küchenpapier abtropfen und im auf 80 °C vorgeheizten Ofen warmstellen. Mit der restlichen Masse ebenso verfahren.

Mit dem Rosenrahm und den gehackten Rosenblüten extra servieren.

Für eine glutenfreie Variante können Sie das Mehl durch Reismehl, Maismehl oder durch glutenfreie Mehlmischungen ersetzen. Meist bräunen die Blinis dann etwas weniger.
Manchmal habe ich auch mehr Lust auf süße Blinis, dann lasse ich einfach das Rosengewürz weg und gebe Zucker zum Teig und in den Rahm. Dazu noch eine gute Portion Vanille und zusätzliche Rosenblüten. Serviert werden die Blinis dann mit extra Ahornsirup.

Tortilla tapioka mit Heusalz

Inspiriert von der großartigen Tortilla española, die aus Kartoffeln, Olivenöl, Eiern und manchmal auch Zwiebeln besteht, habe ich hier die Kartoffeln durch Tapioka ersetzt. Das Heusalz beweist in diesem Rezept einmal mehr seine Affinität zum Ei.

ZUTATEN

1	große Zwiebel
2 EL	Olivenöl
120 g	Tapiokaperlen, mittelgroß
10	Eier
½ TL	Salz
	Pfeffer
1 EL	Olivenöl
	Heusalz (S. 114) zum Bestreuen

ZUBEREITUNG

Zwiebel schälen und klein würfeln. In Olivenöl langsam schmoren ohne sie anzubräunen, bis die Zwiebeln weich sind.

Tapioka in 1 ½ Liter Wasser 20 Minuten lang knapp weich kochen, abseihen, kalt abspülen und mit etwas Salz mischen.

Ofen auf 120 °C vorheizen.

Eier verquirlen, Salz, Pfeffer, Zwiebeln und gekochte Tapiokaperlen untermischen.

Olivenöl in einer beschichteten Pfanne heiß werden lassen, die Masse hineingießen und auf mittlerer Hitze langsam backen, bis die Unterseite hellbraun ist.

Pfanne in den Ofen stellen.

Tipp für Pfannen mit Kunststoffgriff: Umwickeln Sie den Pfannengriff mit 2 bis 3 Lagen Alufolie – so bleibt der Kunststoff geschützt und Sie haben eine kleine Erinnerung daran, dass der Griff noch immer sehr heiß ist, wenn Sie die Pfanne wieder aus dem Ofen nehmen.
So lange im Ofen lassen, bis die Oberfläche der Eimasse gestockt ist, dann herausnehmen.

Einen auf die Pfanne passenden flachen Teller (oder eine zweite passende Pfanne) mit Öl bepinseln, als Deckel auf die Pfanne legen, fest andrücken und vorsichtig aber entschieden mit einer schnellen Bewegung umdrehen, sodass die Tortilla mit der gebackenen Seite nach oben auf dem Teller liegt. Die Tortilla wieder vom Teller zurück in die Pfanne gleiten lassen und kurz fertigbacken.

In Stücke schneiden, mit Heusalz bestreuen und als Fingerfood oder mit einem Salat als Tellergericht servieren. Extra Heusalz dazureichen.

Es gibt spezielle Pfannen, die aus zwei zusammenpassenden Teilen bestehen. So kann man die Tortilla beim Umdrehen relativ sicher aus dem unteren in den oberen Teil befördern, ohne einen Teller zu benötigen. Tortillas schmecken auch kalt ausgezeichnet.

Safrantapioka mit Vanilleobers

Dieses Gericht war mein Einstieg in die Erforschung der Tapiokawelt. Bekannt waren mir bis dahin nur die kleinen Tapiokaperlen in Kokosmilch. Die Mittelgröße gibt noch mehr Struktur, die Reismilch in diesem Rezept vermittelt Leichtigkeit, während Safran mit Schlagobers und Ahornsirup im Gegenzug einen Touch von Üppigkeit beisteuern.

ZUTATEN

	SAFRANTAPIOKA
120 g	Tapiokaperlen, mittelgroß
1	große Prise Safranfäden
250 ml	Reismilch
1 EL	Butter oder Butterschmalz
1	Prise Salz
	Ahornsirup
	VANILLEOBERS
1	Becher Schlagobers
1	große Msp. Vanille
	Ahornsirup

ZUBEREITUNG

Safrantapioka: Etwa 1½ Liter Wasser zum Kochen bringen, Tapiokaperlen hineinleeren, umrühren und offen sprudelnd etwa 15 Minuten kochen lassen, dabei immer wieder umrühren.
In ein feinmaschiges Sieb abgießen und sofort unter fließendem Wasser gründlich kalt abspülen.

Safranfäden in einer kleinen Pfanne vorsichtig erwärmen, bis sie trocken sind und mit etwas Zucker zerbröseln. Mit etwas heißem Wasser übergießen und ziehenlassen.
Reismilch mit Butter, Salz, und Safranwasser aufkochen, Tapiokaperlen dazugeben, dabei immer wieder umrühren. Auf kleinster Flamme 3 bis 5 Minuten ausquellen lassen, Herdplatte abdrehen. Nach Geschmack mit Ahornsirup süßen.

Vanilleobers: Schlagobers halb aufschlagen, Vanille dazugeben und mit Ahornsirup süßen. Obers vorsichtig bis zu einer cremigen Konsistenz weiterschlagen.

Es kann auch jede andere Art von Milch verwendet werden. Reismilch ist an und für sich süßlich, enthält aber kaum Fett, deshalb kommt etwas Butter dazu. Bei anderen Milcharten wie Mandelmilch, Kokosmilch oder normaler Milch ist das nicht nötig.

Yuzu-Crème-brûlée mit Karotte und Tapioka

Karotte mag ich in ihrer feinen Süße sehr gerne für Desserts. Mit den säuerlichen frischen Apfelwürfelchen und den Tapiokakügelchen verbindet sie sich zu einer Art Füllung für die Kokosmilch-Creme.
Das Aroma des Yuzusafts hält sich nur dann, wenn er, wie hier, nicht gekocht wird. Darum mischt man ihn erst in die abgekühlte Masse, die zum Schluss ja nur noch an der Oberfläche erhitzt wird. Eine Yuzu-Eiskugel aus dem Beutel entspricht etwa 1 EL, also 15 ml.
Für noch mehr Geschmack kann etwas feingehackte frische (tiefgekühlte) Yuzuschale zugegeben werden.

ZUTATEN

100 g	Tapiokaperlen, mittelgroß
2	Karotten, mittelgroß
1	Dose Kokosmilch (400 ml)
3 EL	Zucker
2 TL	Yuzusaft
1	kleiner säuerlicher Apfel
2–3 TL	Yuzusaft
1 TL	feingehackte Yuzuschale (optional)
2 EL	brauner Zucker
1 TL	getrocknete Yuzuschale

ZUBEREITUNG

Tapioka in 1½ Liter Wasser 15 Minuten kochen. Immer wieder umrühren! Abseihen und gut unter kaltem, fließendem Wasser abspülen. Mit etwas Zucker mischen.

Karotten in Scheiben schneiden und in der Kokosmilch sehr weich kochen. Zucker hinzufügen und mit dem Mixstab fein pürieren. Gegebenenfalls nachsüßen.

Tapioka zu der Kokosmilch-Karotten-Mischung geben und unter ständigem Rühren 3 bis 5 Minuten fertig köcheln. Die Tapiokaperlen dürfen keinen harten Kern mehr haben. Vollständig abkühlen lassen. Erst dann den Yuzusaft unterrühren.

Apfel in kleine Würfel etwa in Größe der Tapiokaperlen schneiden, mit 2 TL Yuzusaft und gegebenenfalls der Yuzuschale mischen und unter die Tapiokamasse rühren.

Grill vorheizen.

Die Creme auf vier kleine feuerfeste Förmchen verteilen.

Unmittelbar vor dem Servieren mit etwas braunem Zucker bestreuen und unter dem Grill auf der obersten Schiene karamellisieren lassen oder mit einem Bunsenbrenner bräunen.

Mit getrockneter Yuzuschale bestreut servieren.

Die gesamte benötigte Menge Yuzusaft beträgt etwa 25 ml, was etwas weniger als zwei Eiskugeln entspricht.

Joghurt mit Maiwipfeln, Tapioka und Honig

Herrlich erfrischend zum Frühstück – oder perfekt für ein erstes Picknick im Mai! Die Joghurtmischung wird vorbereitet und die Fichtentriebe kann man direkt vom Baum holen.

ZUTATEN

120 g	Tapiokaperlen, mittelgroß
1 TL	Zucker
3 EL	Honig
500 g	stichfestes Joghurt
2 Msp.	Vanille
8 EL	Maiwipfel, frisch oder aus dem Tiefkühler
8 TL	Honig

ZUBEREITUNG

Tapiokaperlen in 1½ Liter kochendes Wasser geben und 20 bis 22 Minuten sprudelnd kochen lassen, dabei immer wieder umrühren. Es sollte kaum noch ein weißer Kern zu sehen sein, die Perlen sollten auch keinen Biss mehr haben. Abseihen und mit kaltem Wasser gründlich spülen, dabei mit der Hand immer wieder umrühren, um die Stärke von allen Tapiokaperlen zu lösen.
Zucker untermischen und abkühlen lassen.

Honig, wenn nötig, etwas erwärmen.
Joghurt mit Vanille, Honig und den Tapiokaperlen verrühren, in kleine Gläser aufteilen und kühlstellen.

Die Maiwipfel erst unmittelbar vor dem Servieren aus dem Tiefkühler nehmen – wenn es nicht gerade Mai ist und Sie frische holen können –, fein hacken und dick auf das Joghurt streuen.

Mit je 2 TL Honig beträufeln und servieren.

Haben Sie im Mai keine Maiwipfel gepflückt? Dann können Sie das Joghurt stattdessen mit gehackter Zitronenverbene, Zitronenmelisse oder feingehackten Limettenzesten zubereiten.

Rezeptregister

M = milchfrei **G** = glutenfrei **m** = Milchprodukte einfach zu ersetzen **g** = glutenhaltige Produkte einfach zu ersetzen

Abkürzungen und Mengenangaben

Die meisten Rezepte sind, wenn nicht anders angegeben, für 4 Personen berechnet.

Persönlich arbeite ich am liebsten mit Augenmaß; ansonsten verwende ich Löffel- und Tassenmaß. Nur wenn es unbedingt sein muss, nehme ich meine Küchenwaage, die immer griffbereit ist.

EL = Esslöffel = 15 ml
TL = Teelöffel = 5 ml
Msp. = Messerspitze
Tasse = 250 ml

Prise = die Menge, die man mit drei Fingern nehmen kann
Handvoll = was eine durchschnittliche Frauenhand aufnehmen kann

Spritzer (meist für Zitrone gebraucht) = eine halbierte Zitrone einmal leicht zusammendrücken. Bei Essig bedeutet das etwa die gleiche Menge (etwa ½ TL = 2½ ml).
Schuss (meist für Alkohol, Essig oder Öl gebraucht) = die Flasche einmal kurz kippen. Deutlich mehr als ein Spritzer.

Meist sind Volumenmaße für die Zutat im Ganzen gemeint. Wenn sie für die bereits zerkleinerte Zutat (gehackt, gemahlen, etc.) gedacht sind, wird dies extra erwähnt.

Index

Österreichisch – Deutsch

Biskotten ... Löffelbiskuit
Eidotter ... Eigelb
Eierschwammerl ... Pfifferlinge
Eiklar ... Eiweiß
Erdäpfel ... Kartoffeln
Faschiertes ... Hackfleisch
Fisolen ... Grüne Bohnen
Fleckerl ... kleine rautenförmige Nudeln
Fleischhauer ... Metzger
Faschiermaschine ... Fleischwolf
Germ ... Hefe
Geselchtes ... Rauchfleisch
Grammeln ... Grieben
Gugelhupfform ... Napfkuchenform
Karree ... Rippenstück (Schwein)
Karotte ... Möhre
Kren ... Meerrettich
Marillen ... Aprikosen
Maroni ... Edelkastanien
Palatschinken ... Pfannkuchen
Rote Rübe ... Rote Bete
Rucola ... Rauke
Schlagobers ... Schlagsahne, Sahne
Schopf ... Nacken (Schwein)
Semmel ... Brötchen
Stanitzel ... Waffelhörnchen
Topfen ... Quark

Bezugsquellen, Informationen und Kontakte

Chipotle, Chili und Pimentón — ***www.pepperworld.com***

Feigenblätter — ***www.feigenhof.at***

Fenchelblüte — Am besten wilder Fenchel aus Italien oder USA
www.ingwer-und-trockenfruechte.de

Heu — ***www.heukauf.de***
www.heu-heinrich.de

Rosenblüte — ***www.zirbeundmehr.de***

Safran — ***www.crocus-sativus.de***

Yuzu — ***www.agrodirect.de***
www.bosfood.de

Bio-Fleisch — ***www.galloway.at*** (vor allem Rind, BOA Farm)
www.porcella.at (Online-Shop)

Bio-Fisch — ***www.biofisch.at***
www.greenpeace.org/fischratgeber (Einkaufsratgeber Fisch)

Bio-Gemüse — ***www.ochsenherz.at***
viele alte Sorten, CSA (Community supported acriculture)

Bio-Olivenöl — ***www.gustarte.it***
Hier erhalten Sie auch Informationen über Seminare und Verkostungen

www.essential-foods.at
Wissenswertes und Onlineshop für Olivenöl

www.lapievuccia.it
Ein Bio-Weingut bei Arezzo mit sehr gutem Olivenöl

www.opensense.at
Sinnesschulung für Genießer, bietet unter anderem regelmäßig sehr gute Olivenölverkostungs-Workshops an.

Gewürzhandel — ***www.babettes.at***

Allgemein — ***www.slowfood.com***
www.slowfood.de
www.slowfoodaustria.at

Tokio Foodguide: Foodguides sind Personen, die Führungen für Märkte, Nahrungsmittel, Restaurants etc. organisieren. Speziell in Ländern wie Japan hilfreich!
Yukari Sakamoto: **yukari.shinji.sakamoto@gmail.com**

Informationen zu allergenfreier Ernährung — ***www.glutenfrei-unterwegs.de***
www.vebu.de
www.glutenfreeandmore.com

Autorin und Fotografin

Die Autorin: Margot Van Assche

Köchin, Genießerin, Ärztin, Künstlerin. Studium der Medizin in Wien, Tätigkeit auf naturheilkundlichem Gebiet in freier Praxis und Lehrtätigkeit. Leitung der Internationalen Akademie für Physioenergetik. Margot van Assche führte ab 2008 fünf Jahre einen Dinnerclub, veranstaltete Kochkurse und die Ausstellung ihrer eigenen Bilder „Erde und Wasser". Seit 2012 widmet sie sich unter anderem ihrer Lieblingsbeschäftigung: neue Gerichte erfinden und in Szene setzen. Neben den kulinarischen Aspekten ist sie in ihren Aktivitäten dem Gedanken der Artenvielfalt, dem biologischen Landbau und der artgerechten Tierhaltung verbunden.

Die Fotografin: Maryam Yeganehfar

geboren 1976 in Teheran, aufgewachsen in Wien. Studierte Marketing an der Webster University St. Louis in den USA und arbeitete zwei Jahre lang als Agent Assistant bei William Morris in Los Angeles. 2002 Rückkehr nach Österreich. 2008 Gründung der yamyam event production GmbH, die sowohl private als auch Firmen-Events im In- und Ausland organisiert. Außerdem ist Maryam Yeganehfar als Lehrende für Eventgestaltung und Design an der NDU in St. Pölten tätig. Sie ist leidenschaftliche Köchin und Fotografin und findet ihren Ausgleich im Yoga.